btb

Für dieses Buch hat sich Tilmann Bünz in den Sattel geschwungen und ist von der Kurischen Nehrung bis nach Narva gereist, mal mitten durch Estland, Lettland und Litauen, mal entlang einer Küste, die im Dornröschenschlaf liegt. Er erzählt von Erlebnissen und Begegnungen, von den verschwundenen Synagogen von Vilnius und der Renaissance der Holzhäuser von Riga, er verrät, wie man auf dem Kurischen Haff bei 20 Grad minus Stinte fangen kann und weshalb jeden Tag 100 Menschen aus Litauen auswandern. Und er erinnert an die größte Menschenkette aller Zeiten, die kurz vor dem Mauerfall den Anfang vom Ende der Sowjetunion bedeutete. Ein hintergründiges und aktuelles Geschichtenbuch für alle, die das Baltikum nicht nur bereisen, sondern verstehen wollen.

»Tilmann Bünz bringt uns die baltischen Länder nahe – mit liebevoller Neugier, historischer Kenntnis und feinem Gespür für die heiklen politischen Fragen. Beim Lesen begreifen wir, wie wichtig Europa gerade heute für uns alle ist.« Ulla Lachauer

Tilmann Bünz, 1957 geboren, war lange Jahre ARD-Korrespondent für Skandinavien und die baltischen Staaten. Er ist Autor und Dokumentarfilmer. Er lebt in Hamburg und in den Schären vor Stockholm.

Tilmann Bünz bei btb

Wer die Kälte liebt. Skandinavien für Anfänger
Wer das Weite sucht. Skandinavien für Fortgeschrittene
Fünf Meter unter dem Meer. Niederlande für Anfänger

Tilmann Bünz

Wo die Ostsee Westsee heißt

Baltikum für Anfänger

btb

Mitarbeit: Albinas Pilipauskas (Litauen),
Sandra Leikarte (Lettland) und Nina Golikova (Estland)

MIX
Papier | Fördert gute Waldnutzung
FSC® C014496

Penguin Random House Verlagsgruppe FSC® N001967

4. Auflage
Originalausgabe Juli 2018

produktsicherheit@penguinrandomhouse.de
(Vorstehende Angaben sind zugleich Pflichtinformationen nach GPSR.)

Umschlaggestaltung: semper smile, München
Umschlagmotiv: © Andrius Aleksandravicius/Getty Images
Satz: Uhl + Massopust, Aalen
Druck und Einband: GGP Media GmbH, Pößneck
SK · Herstellung: sc
ISBN 978-3-442-71659-3

www.btb-verlag.de
www.facebook.com/penguinbuecher

Inhaltsverzeichnis

LETTLAND

ESTLAND

Eine kleine Liebeserklärung

Dünen wie in der Sahara und Strände ohne Ende. Vor einer Generation noch fegten sowjetische Soldaten täglich den Strand. Das war keine Beschäftigungstherapie, sondern eine unmissverständliche Warnung. Hier endete ein Weltreich, aus dem niemand entkommen sollte.

Der Geographie kann man nicht entkommen. Estland, Lettland und Litauen leben im Schatten des Großen Bären – eingezwängt zwischen Russland und der Ostsee. Das war lange Zeit kein besonderes Problem, bis Russland begann die Grenzen in Europa gewaltsam zu verschieben.

Das Gebiet der baltischen Republiken ist überschaubar. Ein Militärjet braucht achtzehn Minuten, um es der Länge nach zu überfliegen – so lange wie zwei Zigarettenpausen. Unter sich das Memelland, die endlosen Wälder voller Pfifferlinge an der Grenze zu Polen, den Berg der Kreuze, das barocke Vilnius, Jugendstil und Holzhäuser in Riga, das hügelige wellige Land, das ein bisschen an Westfalen erinnert, die Insel der starken Frauen in der Bucht von Riga, eine lange Küste im Dornröschenschlaf, ein bisschen Bullerbü, die Hansestadt Tallinn und die weißen Fähren auf dem Weg nach Skandinavien.

Je weiter man nach Osten kommt, desto weniger schmeckt

das Meer nach Meer. Estland ist so weit weg, dass die Ostsee dort Westsee heißt und die Kühe aus dem Meer trinken, weil es nicht mehr salzig ist.

Wenn du nicht am Tisch sitzt, landest du schnell auf der Speisekarte, lautet ein altes Sprichwort. Vielleicht hatten die baltischen Staaten es deswegen besonders eilig, sich unter den Schutz der NATO zu stellen. Sie bauten Zäune und ließen Überwachungsdronen fliegen. Niemand sollte unbemerkt in ihr Land eindringen. Ihre Warnungen wurden lauter, aber es sollte dauern, bis man sie wirklich ernst nahm.

Dieses Buch ist 2018 erschienen – noch vor Corona und vor dem russischen Überfall auf die Ukraine. Aber damals war schon klar, daß der neue Zar Vladimir Putin von einem großen Reich träumt. Niemand hat das so klar gesehen und deutlich formuliert wie die langjährige lettische Präsidentin Vaira Vike-Freiberga beim Gespräch in ihrem Salon in Riga, mit Blick auf Lenin und die Freiheitsstatue. Putin persönlich hatte es ihr 1999 ins Gesicht gesagt.

Vaira Vike-Freiberga fürchtet seither eine Rolle rückwärts.

Die drei baltischen Republiken stellten nach dem Mauerfall schnell ihre Unabhängigkeit wieder her. Ihnen gelang es – als einzigen der 15 ehemaligen Sowjetrepubliken – EU und Nato beizutreten. Und Russland ließ sie ziehen. Damals.

Man kann mit den Balten bangen. Noch besser ist es, sie zu besuchen und ihnen damit den Rücken zu stärken.

Was der Grenzpilot in 18 Minuten überfliegt, kann man auch richtig bereisen. »Vergessen wir nicht, dass eine Luftlinie eben nur eine Luftlinie ist und kein Weg – und dass wir physiognomisch gesehen Fußgänger und Läufer geblieben sind«, schreibt Christoph Ransmayr. Für dieses Buch habe ich mich in den Sattel geschwungen und bin von Nidden bis nach Narva geradelt, von einer russischen Grenze zur anderen, eher gemächlich und manchmal auch mit dem Rad im Gepäckabteil eines Überlandbusses. Den Weg gewiesen haben baltische Freunde und Weggefährten: Albinas aus Litauen, Sandra aus Lettland und Nina aus Estland. Wir kennen uns seit Jahrzehnten.

Man kommt zu den Balten, wenn man immer weiter reist – nach Norden und nach Osten – bis kurz vor St. Petersburg. Wo es zu Mittsommer helle Nächte gibt. Wo man morgens um drei aufwacht, weil die Sonne quer durchs Fenster scheint, ist das geschenkte Zeit. Wo die kurischen Seefahrer lebten, die einen Ruf wie Donnerhall hatten. Wo man nicht viel redet, und schon gar nicht morgens um fünf, wenn man Zander aus dem Haff zieht. Wo man aus zwei alten Autos ein Neues macht. Wo es mehr Dirigenten als Generäle gibt und am Tag der Unabhängigkeit weiße Tischtücher aufgelegt werden.

Esten, Letten und Litauer sind es gewohnt, im Schatten wechselnder Großmächte zu leben. In ihrer hundertjährigen Geschichte waren sie fast die Hälfte der Zeit besetzt, von deutschen und russischen Truppen, dann abgeschottet hinter dem Eisernen Vorhang, getrennt von ihren Nachbarn auf der anderen Seite der Ostsee.

Die Russen kamen 1945 als Befreier von Hitler-Deutschland. Aber dann vergaßen sie, wieder nach Hause zu gehen.

»Sie haben es besser gehabt als wir anderen Insassen der alten Sowjetunion«, sagen russische Freunde. »Wir haben auch mehr daraus gemacht«, entgegnen baltische Freunde.

Es sollte 44 Jahre dauern, bis mehr als eine Million Esten, Letten und Litauer sich buchstäblich an den Händen fassten und damit den Zerfall der Sowjetunion einleiteten. Jeder achte war auf den Beinen. Das war im August 1989 – drei Monate *vor* dem Mauerfall. Singend stürzten sie alle Lenins und Stalins vom Sockel. Die restlichen Monumente der siegreichen Sowjetunion räumten sie 2022 ab. Für die meisten Balten war der 9. Mai 1945 kein Feiertag, sondern der Beginn einer langen dunklen Zeit.

Der östlichste Teil des Baltikums ist so weit weg, dass die Ostsee dort Westsee heißt und die Kühe aus dem Meer trinken, weil es nicht mehr salzig ist. Für viele Deutsche ist es ein Ort der Sehnsucht. Etwa für die Angehörigen von Heinz Erhardt, der aus Riga kam. Oder die Freiherrn von Campenhausen, die 1920 ihr Landgut Orellen (Ungurmuiza) verloren. Ganz zu schweigen von den vielen Nachfahren der Memelländer, den Ostpreußen, die 1944/45 übers Haff flüchteten.

Der ersten Generation der Heimwehtouristen folgen deren Kinder. Ihnen begegnet man in den Hansestädten Riga und Tallinn, auf dem Hof von Lena Grigoleit in der »Paradiesstraße«, den jetzt der Enkel übernommen hat, und in Nidden am Sommerhaus von Thomas Mann.

Über alle Grenzen verbindet Deutsche eine lange gemeinsame Geschichte mit Letten, Esten und Litauern: Sie beginnt am Memelstrand, führt nach Riga und über die Gutshöfe der baltischen Barone und weist zurück nach Litauen zu den verschwundenen Synagogen und Masha Klonitsky, der Mutter von Leonard Cohen.

LITAUEN

Erstes Kapitel

Onkel Toms Hütte und die Sahara des Nordens

Jenseits der Grenze ist Russland, links das Haff und rechts die Ostsee. Die Kurische Nehrung ist ein langer schmaler Sandstreifen, den man zu Fuß in einer halben Stunde durchqueren kann.

Ein magischer Ort, mit Sanddünen wie sonst nirgends in Europa. »Großartig und primitiv«, notierte Sommergast Thomas Mann Anfang der dreißiger Jahre. Schön und karg. Die Dünen der Nehrung sind so einzigartig in der Welt, dass die UNESCO sie zum Weltkulturerbe erklärt hat.

Von Kiel sind es 560 Seemeilen – ein Abend, eine Nacht und ein ganzer Tag auf dem Meer, die Fahrräder unten im Bauch der Fähre, vorbei an Bornholm und der polnischen Küste. Endstation ist Klaipėda, die Stadt an der Memelmündung. Früher hieß sie Memel und war Deutschlands nördlichster Hafen.

Von dort aus ist es nur ein Katzensprung auf die Kurische Nehrung, eine fast hundert Kilometer lange Sandbank im Memel-Delta, die nie zur Ruhe kommt. Die Weststürme treiben Sand heran, der Wind weht sie durch die Luft und setzt sie weiter ostwärts wieder ab. Eine Sandbank auf Wanderschaft. Die Menschen auf der Kurischen Nehrung sind es gewöhnt, dem Sand zu weichen. Wer zur größten Wanderdüne Nordeuropas will, läuft, ohne es zu ahnen, über drei versunkene Vorläufer des Ortes Nidden, den Litauer Nida nennen.

Nach zwei Kilometern zu Fuß durch die Dünen kommt man an einen Zaun, ein paar Windlichter an Kreuzen, Schilder, die mahnen, ja nicht weiter zu gehen. Dies ist die Außengrenze der EU.

Links runter führt Wanderweg 11 zum Haff – und plötzlich öffnet sich ein Durchschlupf zu einem kleinen Strand. Am äußeren Ende der Bucht wartet ein russisches Patrouillenboot auf Grenzverletzer, und aus dem Haff steigt die berühmte Hohe Düne. Aus der Ferne lässt sie an eine langgestreckte Majestät auf dem Diwan denken.

Den besten Blick auf die Schönheit hat man vom Wasser. Es bleibt lange flach und erinnert darin an das Steinhuder Meer bei Hannover, in dem, wie die Legende sagt, Ertrinkende durch einen Zuruf vom Ufer gerettet wurden: Versuch's doch mal mit Laufen.

Den ersten Kilometer reicht das Wasser bis zum Knie, dann bis zu den Hüften. Die Dünenberge mit dem blauen Himmel erinnern tatsächlich an die Sahara. Oben, man ahnt sie mehr, als dass man sie sehen könnte, gehen die Litauer täglich auf Patrouille. Manchmal nehmen sie Aušra mit, dann darf auch ein reisender Reporter mit.

Aušra bedeutet »die Morgenröte«, mit vollem Namen heißt sie Aušra Feser, sie leitet den Nationalpark, durch den quer eine Grenze verläuft. Drüben ist der Oblast Kaliningrad, früher hieß Kaliningrad Königsberg. Immanuel Kant ist dort geboren.

Der Name sagt schon, dass es früher zu Ostpreußen gehörte. Die eine Hälfte der Nehrung ist russisch, die andere ist litauisch, bei Nidden verläuft die Grenze.

Aušra ist eine blonde, einnehmende Frau in den besten Jahren, gewitzt und durchaus machtbewusst. Was nicht wichtig ist, kann liegen bleiben. Da ist sie unbekümmert. Eine heitere Person mit einem Sinn fürs Absurde. Sie ist keine Karriere-Beamtin, sie lebt gerne hier auf dem letzten Zipfel Litauens, 360 Kilometer von der Regierung entfernt, auf ihrer geliebten Nehrung.

Als sie vor 26 Jahren nach Nidden kam, mit dem Geografie-Diplom aus Vilnius in der Tasche, traf sie bald den Reiseführer Werner, einen Deutschen. Bevor sie heirateten, sagte sie: »Glaub nicht, dass du mich hier jemals wegkriegst. Mach dir keine Hoffnung. Hier will ich leben.« Werner blieb, und sie kümmerten sich fortan gemeinsam um deutschsprachige Touristen auf der Nehrung, bis Aušra dann vor ein paar Jahren zur Oberaufseherin des Nationalparks ernannt wurde.

Wenn Aušra nicht einen der neben der Altstadt von Vilnius größten Schätze Litauens hütet, macht sie gerne ausgedehnte Wanderungen auf der Nehrung. Resolut wie sie ist, nimmt sie bei den Streifzügen auch gerne ein paar junge Fichten mit. »Es ist ein Jammer. Die Dünen verschwinden, und die Pflanzen breiten sich aus. Sehen Sie nur, alles grün und grau.« Tatsächlich sind Dünen eindrucksvoller, wenn sie aus reinem Sand bestehen. Wenn die ersten Pflanzen wachsen, verfärben sich die Dünen. Es ist ein Wettlauf: Sand gegen Pflanze – und Aušra kämpft für den Sand. Sie reißt die Bäumchen aus, damit das kleine Land an der Ostsee sein Stück Sahara behält.

Vom Winde verweht

Die Wanderdünen sind nicht von Anfang da gewesen, ebenso wenig wie der Wald. Es handelt sich eher um ein Ringen, um einen Zweikampf, ein ewiges Unentschieden. Die Eiszeit, so vermuten Forscher, hinterließ einen Binnensee, das heutige Haff. Durch Strömungen und Verwerfungen entstand ein langer Sandstreifen, der die Lagune vom Meer abtrennte. Dieser Sandstreifen wurde langsam zum Wald. Bis sich die Schiffbauer der wechselnden Reiche (Deutscher Ritterorden, Herzogtum Kurland und Zarenreich) ihre Planken und Masthölzer aus den Wäldern schlugen. Offenbar taten sie das so gründlich, dass die Nehrung Ende des 18. Jahrhunderts unbewohnbar wurde. Kein Wald schützte mehr die Handvoll Fischerdörfer wie Nidden und Schwarzort. Kein Wald hielt die Wanderdünen auf.

Bezeichnenderweise war es ein deutscher Postbeamter, der die Nehrung vor dem Schicksaal bewahrte, zur Wüste zu werden. Für die Postkutschen jener Zeit war die Fahrt über die Nehrung ein Albtraum. Die Fahrzeuge blieben stecken, der Sand drang überall ein. Ein Postweg, der die Postillione zur Verzweiflung trieb, liest man bei der litauischen Historikerin Nijole Strakauskeite: »Die Räder der Postkutsche waren halb im Wasser, halb im Sand, dazu pfiff den Boten ununterbrochen der Wind um die Ohren, dass sie davon halb verrückt wurden.« Georg David Kuwert, der damalige Leiter der Poststation in Nidden, begann 1825 mit der Aufforstung. Er pflanzte Bäume, ebenso tüchtig und systematisch, wie Ausra heute die Bäume wieder aus den Dünen rupft.

Sandkastenspiele

Es ist noch nicht lange her, da war dies ein belebter Grenzübergang, vor allem nachts und bei Nebel. Heute haben die Schmuggler schlechte Karten. Drohnen fliegen, Kameras drehen sich, alles wird erfasst. Ab und zu wird ein Urlauber mit unklaren Absichten aufgegriffen und sorgt für ein bisschen Unruhe auf beiden Seiten: Ein japanischer Tourist nachts um vier, angeblich auf Bernsteinsuche, aber ohne Taschenlampe. Ein Deutscher im Schlauchboot, aber ohne Karte.

Früher kamen Tausende aus Kaliningrad illegal und reichlich beladen. Sie brachten tonnenweise Zigaretten und Alkohol, aber auch synthetische Drogen und Blüten.

Als Litauen sich 2004 der Europäischen Union anschloss, hatte die EU plötzlich eine Außengrenze mit Russland – und Litauen war gehalten, diese Grenze zu schützen. Newcomer

Litauen wollte zeigen, wie ernst es diese Grenze nimmt. Einst großer Bruder, jetzt Außenposten Moskaus mit viel Militär und Sitz der Russischen Ostseeflotte. Eine spannende Zeit, die ich als ARD-Auslandskorrespondent verfolgen durfte. Mit Estland, Lettland und Litauen traten drei ehemalige Sowjetrepubliken in die Europäische Gemeinschaft und in die NATO ein – eine heikle Operation direkt vor der Nase Moskaus. Das hatte es noch nie gegeben. Einer, der die Wiedergeburt des unabhängigen Litauens aus nächster Nähe miterlebt hat, ist der litauische Fernsehjournalist und Bürgerrechtler der ersten Stunde, Albinas Pilipauskas, ein mutiger, gewitzter Mann, mit wunderbar rollendem »R«, dunklem Schopf, dem Habitus eines Gentlemans und der seltenen Gabe, alle Türen zu öffnen. Im Zweifelfall stellte er sich aber auch vor die Türen, so geschehen, als sowjetische Truppen im Januar 1991 versuchten, das Parlament in Vilnius zu stürmen und die Unabhängigkeit zurückzudrehen.

Durch Albinas Vermittlung und mit amtlicher Genehmigung drehten wir den Alltag der Zöllner, flogen im Tiefflug knapp über dem Haff und dann in 30 Meter Höhe über die Dünen, Gebiete, die man sonst selten zu sehen bekommt. Sehenswert war auch unser Fluggerät, ein Hubschrauber sowjetischer Bauart, der viele Jahre lang als Ernteflugzeug gedient hat. Unverwüstlich und leicht zu orten an den schwarzen Abgasfahnen von unverbranntem Treibstoff, die er hinter sich herzog. Vorne gab es zwei Sitze und hinten zwei Bänke, so dass sich die Passagiere ins Gesicht gucken konnten, während ihnen langsam übel wurde. Wir flogen enge Kreise, sausten im Sinkflug Richtung Boden, stiegen ebenso schnell wieder auf und hielten uns an den Gurten fest. Der Pilot Wladimir Charcenko hatte eine Vergangenheit als sowjetischer Meister im Kunstflug.

An diesem Tag wurden wir Zeugen litauischer Umsicht. Zwei Grenzsoldaten, Mindaugas und Audrius, marschierten durch den Sand. Sie gingen tatsächlich zu Fuß, mit Rücksicht auf das Weltkulturerbe – Kilometer um Kilometer durchs Sperrgebiet an der Grenze. Am Ende ihrer Wüstenpatrouille verwischten sie sogar die eigenen Spuren. Sie pflegten die Wüste wie andere ihren Vorgarten. Sie nahmen Sand mit der Schaufel auf und streuten ihn über die eigenen Fußabdrücke – der jungfräuliche Sand soll ihnen helfen, Schmuggler schneller zu orten. Aber warum zu Fuß, warum nicht auf einem Kamel? Da grinsten beide – und sagten unisono: »Geschenkt würden wir ein Kamel schon nehmen.« Leider hatten wir gerade keins dabei.

Überflüssig zu sagen, dass der sowjetische Oldtimer so viel Lärm machte, dass sich weit und breit kein Schmuggler zeigte.

Schmuggler leben übrigens nicht ungefährlich. Das Betreten der Dünen ist streng verboten, sagt Ausra. »Da können Ladungen von mehreren Tonnen runterkommen, wenn jemand zu nahe an die Kante kommt.«

Neulich war es ein Elch, der eine Lawine ins Rollen brachte. Aber Elche lassen sich nicht verhaften.

Fische vom Himmel

Auf der Nehrung kann es passieren, dass ein Zander vom Himmel fällt. Ein Zander ist ein großer silberner Fisch, der im ausgewachsenen Zustand einen halben Meter lang ist. Die übliche Bestimmung eines Zanders ist es, im Haff herumzuschwimmen und den Fischern dann eines Tages ins Netz zu gehen. Aber es kann auch anders kommen.

Ausra sitzt in ihrem Büro am Hafen von Nidden, der Wind fegt um die Ecken, sie träumt vom Spätherbst, wenn alle Besucher weg sind. Das ist die Zeit, in der sie sich ihre Wanderstiefel anziehen kann, die blonden langen Haare zum Zopf bindet und sagt: »So.« Eine halbe Minute später ist sie dann schon auf dem Weg in die Dünen. Bei so einer Exkursion landete ein mittelgroßer, leicht angebissener Fisch vor ihren Füßen.

Zu den skurrilen Entwicklungen der letzten Jahre gehört die explosionsartige Vermehrung der Kormorane auf der Nehrung. Selbst die amtlichen Naturschützer sind gespalten in der Frage, wie viele Kormorane die Nehrung verträgt. »Die Ornithologen denken so, und die Fischforscher widersprechen vehement«, sagt Ausra.

1990 gab es ein Dutzend Nester. Die kleine Gemeinschaft der Kormorane wohnte in einem Wald schöner alter Eichen, die schon Thomas Mann Schatten gespendet haben mögen, an der Straße, die bei Juodkrante durch die Nehrung führt.

Die Kormorane bewohnen die Gipfel, und die Reiher sitzen ein Stockwerk tiefer.

Da kommt so einiges an Vogelkot von oben, denn wenn Kormorane etwas besonders gut können, dann ist es, alte Wälder und grüne Vegetation in einen weiß gesprenkelten Geisterwald voller Baumgerippe zu verwandeln, der einen frösteln lässt, so sehr sieht er nach Weltuntergang aus. Sie ersticken das Leben mit ihren sauren Ausscheidungen, hinterlassen aber einen gut gedüngten Boden und ziehen dann weiter.

In den guten alten schlechten Zeiten sorgten die Fischer der Nehrung dafür, dass es bei den zwölf Nestern blieb. Sie jagten sie und zerstörten ihre Nester. Wenn auf etwa Verlass ist, dann ist es der Futterneid. Kormorane brauchen, um groß zu werden, etwa 400 Gramm Fisch am Tag. Das summiert sich auf grob geschätzt 100 Kilo im Jahr – pro Vogel.

1991 kam bekanntlich die Unabhängigkeit und damit auch ein neuer Geist und neue Regeln. Kormorane standen fortan unter Naturschutz.

Heute gibt es in jenem Wäldchen etwa dreitausendfünfhundert Kormorane. Man kann sie in großen Geschwadern auf dem Haff jagen sehen. Vom ersten bis zum letzten Vogel sind es vielleicht 300 Meter, und die Luft ist schwarz von Flügeln. Manchmal lichtet sich die Wolke. Dann sind die Vögel gerade auf Tauchstation. Sie kommen bis zu 30 Meter tief.

Nun sind Kormorane sensible Tiere, vor allem wenn sie mit der Beute zwischen den Zähnen den Heimweg zum Nest antreten.

»Wenn jemand sie erschreckt, wenn sie einen Fang im Maul haben, dann werfen sie ihn ab. Es macht laut platsch. Sie lassen sie aus 30 Meter Höhe fallen. Man kann froh sein, dass sie einem nicht auf den Kopf fallen«, sagt Ausra. Nun ist es nicht so, dass die Dünen voll mit Fischen liegen. Es gibt auch andere Abnehmer.

Ausra lacht leise in sich hinein, denn rund um die schreckhaften Kormorane hat sich eine ganz neue Nahrungskette gebildet. Wildschweine, so sagt sie, können Laute ausstoßen, die Kormorane Schrecken einjagen. Und obwohl ein Kormoran in der Luft von einem Wildschwein am Boden eigentlich nichts zu befürchten haben sollte, lassen Kormorane ihre angebissene Beute dann fallen.

PS: Zu den litauischen Kormoranen gesellen sich noch einmal dreimal so viele Vögel jenseits der Grenze im Oblast Kaliningrad. Wenn sie nun gemeinsam jagen gehen, sind fast fünfzehntausend Vögel unterwegs. Jeder Kormoran braucht – wie gesagt – 400 Gramm Fisch am Tag. Wenn man das durchrechnet, kommt man zu dem erstaunlichen Ergebnis, dass die vereinten Kormorane der Nehrung am Tag etwa sechs Tonnen Fisch erbeuten. Schwere Zeiten für die Zander.

Eisfischen auf der Nehrung

Im Nachbarort Preila wohnen ein paar Fischer, ihre Stahlkähne ankern im Haff, sie fahren abends raus und kommen frühmorgens zurück. Im Sommer sieht man sie oft auf kleinen Bänken vor ihren roten kurischen Häusern mit den blauen Fenstern sitzen – und Netze flicken, und manchmal kreist die Flasche. Einer von ihnen heißt Stasys. Auch er gehört zu jenen Fischern, die früher dafür gesorgt haben, dass die Kormorane nicht zu viele wurden. Ein freundlicher runder Mann von heiterer Gelassenheit, der die Dinge nimmt, wie sie so kommen.

Zwölf Jahre ist es her seit meinem letzten Besuch. Stasys ist mit der Zeit gegangen. Er hat sich die Zähne machen lassen – die alten Goldzähne im Sichtbereich sind verschwunden –, und leider auch das knatternde hochbeinige Unikum, eine Mischung aus Trecker und Motorrad, mit dem wir damals auf dem Eis waren. Aber sonst ist die Zeit auf angenehme Weise stillgestanden.

Die Einheimischen, das hat Ausra verraten, haben Sehnsucht nach dem Winter. Stasys macht da keine Ausnahme.

Wenn es sehr kalt ist und das Haff zufriert, dann fährt Stasys immer noch zum Stinte klopfen. Das ist ein sehr alter Brauch der Kuren. Stasys hat es von seinem Vater gelernt. Die Fische werden durch rhythmisches Schlagen am Eisloch angelockt.

Aber schon damals fragte ich mich, ob das die Fische noch wissen?

Stasys saß auf einem Klapphocker, mit dicken Handschuhen und Fellmütze, in winddichter Joppe und mit roter Nase, und klopfte mit zwei Schlegeln aufs Eis. Dabei murmelte er die Worte, die etwa so klangen wie »Stinte, komme«, und auf jede Silbe gab es einen Schlag.

Eisfischen ist ein Glücksspiel. Der eine zieht an seinem Eisloch einen Fisch nach dem anderen raus, und zwanzig Meter weiter beim nächsten Eisloch gibt es nur lange Gesichter.

Stasys und seine Brüder fuhren lange mit einem hochbeinigen Eigenbau aufs Eis. Das Haff ist groß – und in der Ferne sieht man schemenhaft das Ufer des Memellandes.

Schon der Start war nicht ohne.

Stasys trat zehn Minuten lang auf den Kickstarter, aber der alte Bock, ein Zwitter zwischen Motorrad und Trecker, wollte nicht so recht.

Auch ein Eisloch weiter war die Ausbeute sehr übersichtlich. Der Ostwind pfiff übers Eis und brachte Kälte aus Sibirien. Die drei Männer am Eisloch hatten einen eisernen Rhythmus. Einer fuhr das Ungetüm. Zwei saßen auf dem Anhänger. Wenn die Stinte nicht recht ins Netz wollten, dann fuhren die Männer ein paar hundert Meter weiter, hackten ein neues Loch ins Eis, und einer von ihnen schlug mit dem Holzknüppel aufs Eis.

So ein Loch muss siebzig auf siebzig Zentimeter groß sein, mit langen Stangen stoßen sie das Netz unters Eis.

Zwei warten im Wind, einer trommelt. »Gibt es Streit, wer trommelt?« – »Nein – so spannend ist das nicht. Ziemlich eintönig«, sagte Stasys, und die Brüder nicken lächelnd.

Dann ruckte es endlich. Fünf Fische zappelten im Netz.

Stinte sind etwa zehn Zentimeter lang und dick wie ein Mittelfinger. Satt macht diese Beute niemand, sicher nicht die drei Männer.

Stasys fischte ein dickes Buch aus der Tasche, mit vorgezogenen Linien, irgendwas Amtliches.

»Wir müssen jeden Fang sofort notieren. Das will die EU so. Auch wenn es nur fünf Fische sind.«

Stacys zog die Handschuhe aus und notierte im eisigen Wind, und als ihm die Finger dann richtig kalt wurden, brummte er noch: »Zu sowjetischen Zeiten war die Bürokratie nicht so schlimm. Da hatten wir Zeit mit dem Eintrag, bis wir nach Hause kamen.«

Stacys und seine Brüder sind nicht die Sorte Menschen, die sich von Rückschlägen entmutigen lassen. Also fahren sie weiter aufs Eis. Irgendwann werden die Stinte schon kommen.

Onkel Toms Hütte – Ein Nobelpreisträger macht Urlaub

Hoch über dem Haff steht ein Holzhaus mit dunkelroten Wänden, leuchtend blauen Fensterrahmen, Glasveranda, gekreuztem Giebel und Strohdach, größer als eine Fischerstube und kleiner als ein Herrenhaus. Oben unter dem Dach saß Thomas Mann nach seinem morgendlichen Waldspaziergang und schrieb drei Sommer lang an »Joseph und seine Brüder«. Da musste es dann still sein auf dem »Schwiegermutterberg« von Nidden.

Im Volksmund hatte sich für die Dichterklause schnell der Spitzname »Onkel Toms Hütte« eingebürgert, so Enkel Frido (aus: Mein Nidden, Frido Mann, Mare Verlag).

Thomas Mann war Rotarier, und wie jedes Mitglied in diesem Herrenclub musste auch er gelegentlich einen Vortrag halten. Seine Wahl fiel auf das Thema »Mein Sommerhaus«. Immer wieder zöge es ihn und seine Familie im Sommer an die See. Moderne, gar mondäne Badeorte gefielen ihnen nicht. Zu trivial. So kamen sie auf Nidden, Fischerort und Malerkolonie auf der Kurischen Nehrung. Klang das nicht sehr verlockend und nach einer Alternative zum Ostseebad Hiddensee, wo Manns Rivale Gerhart Hauptmann thronte?

Als Thomas Mann 1930 sein Sommerhaus bezog, war Nidden von München eine lange Reise entfernt. Zwei Übernachtungen im Schlafwagen. Erst von München nach Berlin, dann von Berlin nach Königsberg, mit dem Taxi weiter nach Cranz und dann noch mal zwei Stunden mit dem Dampfschiff nach Nidden.

Thomas Mann brauchte wie alle Besucher aus Deutschland ein Visum für Nidden. Nidden lag seit 1923 auf litauischem Gebiet.

Das Ehepaar Mann reiste mit dreien ihrer sechs Kinder an, mit Monika, Michael und Elisabeth, einer Köchin und deren Sohn. Thomas Mann hatte den Nobelpreis gewonnen und von dem Geld die Schulden seiner beiden großen Kinder

Klaus und Erika von deren Weltreise beglichen, zwei Autos erstanden und sich das Ferienhaus in Nidden bauen lassen.

Wenn man über Nidden schreibt, ist es schwer, Worte zu finden, die nicht einer der Manns schon über Nidden geschrieben hat. Denn statt in aller Ruhe in der Ostsee zu baden, Elche aus der Nähe zu bestaunen und frischen Zander aus dem Haff zu ziehen, wetteiferten alle – von der Schwiegermutter bis zum Urenkel – darum, Nidden in Worte zu fassen. Nur eine machte darin eine Ausnahme.

»In dieser Familie muss es einen Menschen geben, der nicht schreibt«, vertraute Katia Mann ihren Biographen an.

Dafür schwelgte dann der Ehemann umso mehr. Thomas Mann wähnte sich im Süden: »Das Wasser des Haffs ist im Sommer bei blauem Himmel tiefblau. Es wirkt wie das Mittelmeer. Es gibt dort eine Kiefernart, Pinien ähnlich. Die weiße Küste ist schön geschwungen, man könnte glauben, in Nordafrika zu sein.«

»Wenn einem nicht ein Bild in der Seele fehlen soll ...«

Die Manns hatten schon einmal ein Ferienhaus im oberbayerischen Tölz besessen, von den drei älteren Mann-Kindern Klaus, Erika und Golo sehr geliebt. Dieses stattliche Sommerdomizil hatten sie 1917 für 65 000 Mark verkauft (die in

Kriegsanleihen umgesetzt wurden und verloren gingen). Als die Schwiegereltern nun vom Hausbau im fernen Litauen hörten, fanden sie nur ein Wort dafür: »Kateridee«.

Doch irgendwann schwand die Skepsis, zur Feier des 80. Geburtstags von Schwiegervater Alfred Pringsheim machten sie sich auf die lange Reise und verbrachten eine Woche im Haus des berühmten Schriftstellers. Seine Schwiegermutter Hedwig 1931: »Ich kann nur sagen. Geht hin und schaut es euch selber an. Aber um Gotteswillen nicht zu zahlreich, sonst wird Nidden gleich ein Modebad und um seinen Zauber ist es geschehen.«

Wenn man im Mann'schen Ferienhaus steht – das heute ein Museum und Kulturzentrum ist – und in den alten Briefen und Artikeln liest, merkt man den inneren Zwiespalt: Thomas Mann möchte zu gerne Nidden preisen – und andererseits sein privates Paradies schützen. Vor dem kleinen intimen Kreis seiner Rotarier legte er sich keine Zügel an.

»Meine Worte können Ihnen keine Vorstellung von der eigenartigen Primitivität und dem großartigen Reiz des Landes geben. Ich möchte mich hier auf Wilhelm von Humboldt berufen, der dort war und speziell von Nidden so erfüllt war, dass er erklärte, man müsse diese Gegend gesehen haben, wie man Italien oder Spanien gesehen haben müsse, wenn einem nicht ein Bild in der Seele fehlen soll.«

Thomas Mann war auch im Urlaub zuerst Schriftsteller (und dann erst Feriengast und Vater). Er hielt seine Arbeitszeiten penibel ein und reagierte auf Störungen empfindlich. Das blieb in dem kleinen Fischerort nicht lange geheim. Denn die Köchin der Familie Mann holte Milch bei den Nachbarn, einer

Fischersfamilie mit ein paar Kühen, und muss dabei wohl ins Erzählen gekommen sein. Die drei Buben der Fischersfamilie jedenfalls bekamen den Eindruck, dass der Herr Schriftsteller ein rechter Tyrann sei. Wie konnte man nur Kindern das Toben verbieten?

Die drei Buben von damals sind zu sehen und zu hören in einem Dokumentarfilm über die letzten Ureinwohner der Nehrung. Mittlerweile rüstige alte Herren zwischen achtzig und hundert, erzählen sie über Fischzüge mit den Kurenkähnen und Krähenjagd im Frühjahr. Der Ort der Vorführung, eine Art Heimatmuseum, war früher einmal Gasthof Blode, dort, wo auch die Manns logierten, bevor ihr Haus fertig wurde.

Es war aber nicht so, dass Thomas Mann nur in der Stube hocken blieb. Zwischen elf und zwölf folgte Thomas Mann seiner Familie ans Meer, wo er im Strandkorb weiterarbeitete.

Wenn Besuch kam, ließ er sich auch schon mal in den Wald entführen, auf der Suche nach den sagenhaften Elchen. Es gehörte damals schon einiges dazu, keinen Elchen zu begegnen. Doch die einheimischen Führer machten daraus eine stundenlange Suchfahrt im Planwagen.

Seine Schwiegermutter war mit von der Partie.

»Sie werden geschont, werden nicht abgeschossen, und das wissen die schlauen Biester genau. Denn sie sind gar nicht scheu, laufen vor Menschen in Kutschen nicht davon, sondern grasen ruhig weiter. (…) Wir bekamen auf unserer Feldfahrt 13 Stück zu Gesicht.«

Seine Kinder schwärmen vom Indianerspielen mit den Fischerskindern und Katia Mann vom täglichen Bad in der (hier tatsächlich) wilden Ostsee. Eines der Mann-Kinder machte die erstaunliche Beobachtung, dass der Sand so fein ist, dass er beim Gehen quietscht. Fotoaufnahmen von Thomas Mann mit Bademantel und Zigarette am Strand oder im Kapitänsjackett vermitteln den Eindruck, dass Thomas Mann so weit Ferien machte, wie ihm das möglich war.

Er ließ es sich gefallen, dass die Dorfbewohner Spalier standen, als er vom Schiff kommend sein Haus auf dem »Schwiegermutterberg« bezog.

Der verschlafene Fischerort veränderte sich durch den berühmten Feriengast. Eine zeitgenössische Korrespondenz berichtete, dass die Pensionen des Ortes sich mit Bewunderern des Nobelpreisträgers füllten. »Im kleinen Ortsladen stapelten sich neben Heringsfässern preiswerte Ausgaben der *Buddenbrooks*, und Dorfkinder verkauften nicht nur selbst gesammelte Waldbeeren, sondern auch Fotos von Thomas Mann.«

Nidden schmückte sich, aber das heißt nicht, dass die Dorfbewohner mit Thomas Manns politischen Ansichten übereinstimmten. Es war gerade nicht mehr Deutschland, aber so weit weg war es nun auch nicht. Nidden gehörte nach dem verlorenen Ersten Weltkrieg zum neuen Nationalstaat Litauen. Bis 1918 war es – wie das Memelland – Teil von Ostpreußen. Wenn man dem Enkel Frido glaubt, dann war in Nidden die »Heim-ins-Reich-Sehnsucht« mit Händen zu greifen.

Nidden war keine Oase. Um die Ecke wurde schon die Diktatur eingeübt, wie Klaus Mann notierte:

»Eine (…) Kuriosität der Gegend war das große Lager –

einige Kilometer von Nidden entfernt, schon auf deutschem Gebiet –, wo junge Leute sich einem gründlichen und professionellen Training in allerlei halbmilitärischen Sportarten, besonders im Segelflug, unterzogen. Bei rauem Wetter hörten wir Kommandoschreie und lustige Gesänge der jungen Stimmen aus dem Vaterland zu uns herüber schallen. (...) Ihre Hemden und Sweater waren mit Hakenkreuzen geschmückt.«

Einer der Sportler war häufiger bei den Manns zu Besuch.

Monika Mann entging nicht, dass dessen Anblick dem Vater Freude machte. »Am Strand beobachtet er gern einen sonnenbraunen Jungen von schönem Wuchs, der sich da von früh bis spät im Laufen und Springen übte.«

Der letzte Sommer vor der Emigration

Nidden blieb kein sicherer Ort für die Familie Mann. Der Terror kam näher. In Königsberg, nach Wahlerfolgen bei der Reichstagswahl 1932, gingen die Nazis von Haus zu Haus und drangsalierten ungehindert ihre politischen Gegner. Eines Tages landete ein verkohltes Exemplar der Buddenbrooks im Mann'schen Garten. Das war im August 1932 – ein Jahr vor der Bücherverbrennung.

In seinem Dachkämmerlein mit Blick aufs Haff setzte sich Thomas Mann mit den Mitteln des Schriftstellers zur

Wehr, ein letzter Versuch, »mit der Schreibmaschine eine Katastrophe aufzuhalten«, wie es sein Zeitgenosse Erich Kästner über einen anderen Intellektuellen, Kurt Tucholsky, formulierte.

Die Denkschrift erschien im Berliner Tageblatt unter dem Titel »Was wir verlangen müssen«.

Der Text richtete sich gegen den braunen Terror wie auch das schwache Vorgehen der Regierung dagegen. Wer Thomas Mann eher als kulturkonservativen Skeptiker voll Ironie und Standesdünkel kennt, kann hier dazulernen.

Schon dieser Text, er hängt im Thomas Mann-Haus, lohnt den Besuch. Es war sein letzter Sommer vor der Emigration.

Ein Grund, dass das Haus auch in der Sowjetzeit einen gewissen Schutz genoss, war, dass Thomas Mann sich einen Ruf als Antifaschist erworben hatte und als einer der ganz wenigen deutschen Schriftsteller in Ehren gehalten wurde.

Thomas Mann hat das Haus nie wiedergesehen. Er hat auch keine Besitzansprüche erhoben. Es waren litauische Intellektuelle, die das Haus vor dem Verfall retteten.

Zum Kriegsende von einer Granate getroffen, befand sich das Haus lange in einem erbärmlichen Zustand. 1967 ließ der litauische Schriftsteller und Kulturminister Antanas Venclova im Thomas-Mann-Haus eine Gedenkstätte errichten, die DDR spendete Bücher, Schallplatten, Dokumente und Tonbänder.

Die beiden hatten sich 1949 in Weimar – bei den Feierlichkeiten zum zweihundertsten Geburtstag von Goethe – kennengelernt. Wenn man mitbekommen hat, welches Schicksal das Thomas-Mann-Haus in München genommen hat – runtergewohnt und abgerissen –, ist es doch ein gewisser Trost, dass der Dichter immerhin im fernen Litauen treue Freunde hatte.

Mit dem Enkel Frido, dem Lieblingsenkel Thomas Manns, setzt sich die Geschichte fort, wie schon der Titel seines Buches verrät: »Mein Nidden«, in dem man fast alles über die schreibenden Manns und die Wandlungen Niddens erfährt.

Zweites Kapitel

Durchs Memelland auf den Spuren von Lena Grigoleit

Bei gutem Wetter kann man das Memelland von der Hohen Düne aus in der Ferne sehen. Manche Menschen zieht es magisch dorthin. Die einheimischen Litauer nennen sie etwas spöttisch »die Elche«. Es sind ältere Semester, ergraute Damen und Herren, meist im Reisebus unterwegs. Beige ist die Farbe der Windjacke, und beige sind auch die Westen der Männer, die mit den vielen Taschen. Sie tragen gerne Rollkragenpullover, und der Feldstecher baumelt um den Hals. Das ist natürlich ein Klischee und stimmt nur zur Hälfte. Was auf sie alle aber zutrifft, ist, dass sie eigentlich keine Landkarte brauchen. Mit der Geographie des früheren Ostpreußens – ob es nun heute zu Polen, zu Russland oder zu Litauen gehört –, kennen sie sich aus. Früher, direkt nach der Unabhängigkeit, waren sie die ersten Touristen auf der Nehrung, und wenn sie sich auf der Landzunge sattgesehen hatten, wagten sie Abstecher aufs Festland, in die Orte, die früher mal Rossitten, Pogegen und Schmalleningken hießen. Heute heißen sie Rasytė, Pagėgiai und Smalininkai.

Nach der ersten Welle kam die nächste Generation, die Kinder und Enkel. Sie reisen unauffälliger und nicht mehr in Beige, aber ihre Fragen sind dieselben.

Zwei Stunden mit dem Boot dauert die Fahrt mit Kapitän Ringaudas von Nidden ins Memelland. Wenn er Platz hat, nimmt er auch Fahrräder mit an Deck und verzurrt sie an der Reling. Bei Sonne und wenig Wind ist das eine Spazierfahrt in seinem kleinen Motorboot mit Kajüte. Doch auf dem Haff kann es auch im Sommer ungemütlich werden, wenn die Wolken über den Himmel jagen und die Wellen sich türmen. Manchmal schlagen die Wogen so hoch, dass man meint, gleich bis auf den Grund schauen zu können. Mit dem kräftigen Meeresblau und dem Hauch von Italien, von dem Thomas Mann so schwärmte, ist es dann vorbei. Das Haff brodelt dann schwarz und grau. Wegen der vielen Untiefen ist das Fahrwasser penibel markiert, grüne und rote Tonnen liegen eng beieinander. Fahrwasser heißt auf Litauisch »farvateris«. Ein paar Meter weiter, und das Boot säße im Schlick fest. Der Kapitän steuert schweigend und konzentriert, während langsam die grüne Küste und die Vogelwarte Ventes Ragas (Windenburg) mit dem zwanzig Meter hohen Fangnetz in Sicht kommen. Dort werden Zugvögel beringt, bevor sie in ihr Winterlager in Afrika fliegen. Aber die eigentliche Herausforderung liegt hinter der Küste, den Wiesen und Kanälen.

Eins vorweg: Mit Ostpreußen verbindet meine Familie keine Sehnsucht. Ich habe keine Orte im Kopf, keine verwandtschaftlichen Beziehungen. Weder nach Masuren, nicht ins Samland, nicht an die Memel. Also auch keine Trauer, keine Entsagung, kein Verzicht. Ich sage das nur, weil es so vielen Deutschen ganz anders geht. Bei zwölf Millionen Flüchtlingen aus den deutschen Ostgebieten – aus Ostpreußen, Westpreußen und Schlesien – ist das kein Wunder. Die von dort Vertriebenen zahlten einen hohen Preis für die Deutsche Kriegsschuld, und da jede Rückkehr das Gleichgewicht der Blöcke gestört hätte, fanden sie wenig Gehör in ihrer neuen Heimat, den Westgebieten Deutschlands, von begeisterter Aufnahme ganz zu schweigen.

Auch wenn man keine Großmutter aus Königsberg, keine Adomeits oder Grigoleits in der Familie hat, hat man als Nachkriegskind das rollende »R« der Ostpreußen im Ohr. Meine Patentante Dora, eine schlanke blonde Oberschwester, die mit 16 Jahren in den Westen floh, konnte noch das »R« im Rachen rollen, wenn wir Kinder sie darum baten. Von ihr lernte ich die Namen der Flüsse Nogat und Memel und das Lied »Es zogen einst fünf wilde Schwäne«. Und ich erinnere, dass sie oft traurig war über den Verlust der »Heeeimat«. Eines Tages, in den achtziger Jahren des vergangenen Jahrhunderts, packte die Patentante ihre Reisetasche und fasste sich ein Herz. Sie fuhr an die Nogat, die heute durch Polen fließt, und suchte ihr Elternhaus. Die neuen Bewohner ließen sie einen langen Blick hineinwerfen, und zum Abschied schüttelte man sich die Hand. Noch jahrelang schickte Dora Pakete an die Nogat.

Wie mutig diese Reise war, begriff ich Jahrzehnte später. Denn es ging nicht nur um einen Ausflug über die Grenze, es ging um die eigenen Wurzeln. Wo hatte Dora gespielt und vielleicht zum ersten Mal geküsst? Stand die Schule noch, und wo war das Grab des Großvaters, eines Oberförsters? Eine

Reise voller Zwiespalt. Es ist, wie der Schriftsteller Wolfgang Büscher nach einem Besuch in Oblast Kaliningrad (dem größeren Teil des ehemaligen Ostpreußen) schrieb, die Angst, nach dem Besitz nun auch noch die Erinnerung daran zu verlieren, die manche abhält, sich dem alten Elternhaus zu nähern. Wolfgang Büscher schreibt: »... mancher, der die fremd gewordene Heimat wiedersah, hielt es nicht aus und rannte entsetzt heim ins Exil. Wie die Frau, die kurz vor dem Ort, in dem sie geboren worden war, den Taxifahrer bat, umzukehren.«

Einer, der immer wieder mit Menschen zu tun hat, die das Heimweh treibt, und weiß, wie man mit ihnen umgeht, ist Mindaugas Karklelis. Seine Familie lebt seit sechs Generationen im Memelland im kleinen Dorf Biténai, auf Deutsch Bittehnen. Seine Großmutter Lena Grigoleit ist – zumindest in den Kreisen der in alle Welt verstreuten Memelländer – eine Berühmtheit. Sie ist als einzige Deutsche – nach Flucht und Deportation – wieder in ihr Heimatdorf zurückgekehrt und hat dort bis zu ihrem Tode 1995 gelebt. Ulla Lachauer, eine deutsche Dokumentarfilmerin und Autorin, hat sie 1989 in ihrem kleinen Dorf aufgespürt. Lena Grigoleit war enorm belesen und lebensklug. Die beiden Frauen wurden Freundinnen. Ulla Lachauer hat 1992 aus Hunderten von Gesprächen die Lebensgeschichte der Lena Grigoleit destilliert und wenn nötig auch auf dem kleinen Hof mit angepackt, etwa beim Kartoffelsetzen. Hunderttausende haben ihr Buch »Paradiesstraße« gelesen, vielen hat es die Zunge gelöst und sie ermuntert, einmal wieder in der alten Heimat vorbeizuschauen. Das Besondere an Lena Grigoleits Erzählungen ist ihre heitere Gelassenheit. Sie nimmt die Dinge, wie sie kommen, und kommt ohne Rachegedanken und Revanchegelüste aus.

Lena Grigoleit ist schon lange tot, aber der Enkel ist in ihre Fußstapfen getreten. Mindaugas und seine Frau Enida empfangen regelmäßig Besucher aus dem Westen auf ihrem Hof an der Memel. »Viele, die damals geflohen sind, haben noch schlechte Träume, viele kommen deshalb nicht in die alte Heimat. Oder ihre Kinder trauen sich und erklären dann: ›Die Mutter konnte nicht kommen, sie hatte es so schwer.‹«

Um zu Mindaugas nach Bittehnen zu kommen, muss man gut sechzig Kilometer fahren. Mit dem Auto ist das auf der Landstraße schnell getan, mit dem Fahrrad ist es eine Reise stromaufwärts auf kleinen verschlungenen Schotterstraßen und Feldwegen, immer nah an der Memel und vorbei an Hunderten von Störchen. Sie sind alles andere als scheu, stolzieren wie Oberstudienräte über die Wiesen und landen in höchster Eleganz, wie Könige landen würden, wenn sie denn Flügel hätten. Die Wiesen nehmen kein Ende. Vom Bau von Zäunen könnte man hier nicht satt werden. Alles scheint grenzenlos: Pferde haben kilometerlangen Auslauf und galoppieren mit Fahrradfahrern um die Wette, als ob sie sich über ein bisschen Abwechslung freuen.

Das Memelland war nicht immer so dünn besiedelt. Vor dem Krieg wohnten hier 140 000 Menschen – und einige Bewohner hat die Arbeit der anderen sehr reich gemacht. Davon zeugen stattliche Herrenhäuser mit kiesbedeckter Auffahrt und eigenem Friedhof, gelegen auf einem kleinen Hügel unter Eichen, mit schmiedeeisernen Kreuzen und Namen wie

Rumpischken und Parnehnen. Heute sind es Häuser, die zu groß sind, um sie zu besitzen, und zu schön, um sie abzureißen. Diese alten Güter erinnern an Kleider, die zu weit geworden sind; es gibt niemanden, der sie ausfüllen kann.

Ein Nachmittag mit Walter und seinen 24 Ziegen

Lena Grigoleit liebte ihre Heimat und wunderte sich darüber, dass ihre geliebte Memel so selten besungen wurde. »Das Einzige, was die Dichter für uns geschaffen haben, ist ›Von der Maas bis an die Memel‹. Und das ist kein Lied, sondern eine Hymne.«

So schön die Memel auch sein mag: Es bedurfte großer Hartnäckigkeit, in ihrem Mündungsdelta zu siedeln. Die Böden sind mager und, je näher man ans Haff kommt, sumpfig. Der einzige Rohstoff, den diese Moore bereithielten, war Torf. Die nassen Ballen wurden gestochen, aus dem Wasser gewuchtet, dann getrocknet und als Brennstoff verkauft.

Rheuma war verbreitet, ebenso wie Malaria. Und auf eines war Verlass: Jedes Frühjahr wieder kamen die Fluten.

Einer der letzten Zeugen jener Zeit lebt allein in der Nähe von Šilutė, früher Heydekrug, auf seinem Gehöft, der Deutsche Valteris »Walter« Valenčius. Früher wohnten vierundzwanzig Familien in der Bismarckstraße. Die Gräben zu beiden Seiten des Weges sind zugewachsen. Die alte Moorkolonie ist dabei, wieder Moor zu werden. Wenn da nicht Walter wäre.

Mit seinen 84 Jahren ist Walter nicht nur der älteste Bewohner des Dorfs Zalgiriai, wie die alte Moorkolonie heute heißt. Er ist auch der einzige. Sein Großvater hat das Haus gebaut, seine Mutter Marta wurde hier 1897 geboren, er ging hier in die deutsche Schule.

Walter sieht nicht so aus, als ob er bald aufgeben würde. Er ist Haut und Knochen, aber heiterer Wesensart und gut zu Fuß und kommt behände, mit einem Gehstock in der einen und einer Astgabel in der anderen Hand, ans Gartentor, bereit, den Nachmittag mit Besuchern zu verschwatzen. Er trägt einen Stoppelbart, eine wollene Zipfelmütze über den kornblumenblauen Augen und zwei Hosenträger überkreuz, um die Hose zu halten.

»Ich habe 24 Ziegen und fünf Hunde«, sagt er und verscheucht zwei besonders neugierige Hunde mit seiner Astgabel. Mit den Tieren schimpft er auf Litauisch, mit dem Besucher spricht er deutsch mit rollendem »R«, fließend und wortreich.

»Ich komme zurecht. Ich habe Brot und Kartoffeln und einen Vorrat an Kohle.«

Wenn Walter Hilfe braucht, greift er zum Handy.

Die evangelische Gemeinde in Silute, fünf Kilometer entfernt, kümmert sich um ihn. »Manchmal krieg ich Besuch aus der Stadt, und die Frauen nehmen mich dann mit zum Einkaufen und zum Arzt«, sagt er, und es klingt weder besonders dankbar noch wie eine Klage, sondern ganz selbstverständlich.

Das Leben mit den Fluten in den Niederungen der Memel

hat seine Tücken. Walter ist zu alt für ein eigenes Auto, aber rüstig genüg für ein Ruderboot.

Wo bei anderen Menschen der Carport ist, am Eingang und nicht weit von der Haustür, da liegt bei Walter ein Kahn aus Zink, vertäut mit einem Strick. So hoch auf dem Trockenen wirkt das etwas sonderbar, aber immer wieder steht sein Grundstück unter Wasser. Dann rudert er vom Haupthaus die dreißig Meter zu seinem Stall. »Meinen Ziegen musste ich im Frühjahr eine Menge Heu rüberfahren, als Unterlage und als Futter.«

Der Stall hat ein Strohdach, das dringend neu gedeckt werden müsste. An einigen Stellen kann man von innen den Himmel sehen. Das Haupthaus dagegen hat zwei Stockwerke und ein robustes Blechdach. Bei Hochwasser zieht Walter in den ersten Stock.

Als einer der etwa hundert Memelländer, die geblieben sind, hält er Kontakt zu anderen, die in den Westen gegangen sind. Als er zuletzt Bekannte in Deutschland besucht hat, in Lauenburg, hielt er es nicht länger als acht Tage aus: »Es war schön, aber auch fremd.« Dableiben wäre ohnehin keine Option: »Ich kann doch meine Frau, die im Altersheim lebt, nicht allein lassen.« Walter führt in sein Haus, vorbei am Ruderkahn, in eine Küche mit großem Kachelofen, drei Schemeln und vielen Fliegen.

Ein Nachmittag in Walters Küche ist ein Erlebnis. Im Küchenregal steht eine Spraydose mit Insektenvernichtungsmittel aus der Zeit, als DDT noch nicht verboten war, der Boden besteht aus einem fest getrampelten Gemisch aus Erde und Ziegenfutter, und obwohl Walter die größeren Tiere ausgesperrt hat, herrscht ein reges Kommen und Gehen. Besucher müssen damit rechnen, dass die Tiere nicht nur durch die Tür kommen. Leicht hat man eine Nase im Kreuz, wenn sich ein Zicklein durch die Außenwand in die Küche drängt. Die Fliegen surren, die Ziegen meckern, es riecht ein bisschen streng, und Walter erzählt aus seinem Leben.

Zu Sowjetzeiten war er Heizer in der Möbelfabrik in Silute, konnte bereits mit Mitte 50 in Rente gehen und bekam ein jährliches Deputat Kohle. Er hat Sehnsucht nach der Zeit, als er ein junger Mann war.

»Heute reicht meine Monatsrente für eine Tonne Kohle. Damals kriegte ich neun Tonnen umsonst von meinem Betrieb, zusätzlich zu meinem Lohn.«

Im Lauf seines langen Lebens hatte er drei Pässe: Als Deutscher bis 1945, als Sowjetbürger bis 1989 und seitdem als Litauer. Er lässt keinen Zweifel daran, dass der erste Pass ihm der liebste war. »Ach, Litauen«, wehrt er ab. »Wir Deutsche sind hier seit 700 Jahren.«

Wenn man mit Walter länger spricht, merkt man, dass er viel Zeit vor dem Fernseher verbringt und dort die russischen Kanäle schaut. Er fragt, ob es stimmt, dass Deutschland wegen der Flüchtlinge kurz vor dem Kollaps steht und Litauen wegen der Massenabwanderung wieder zur Wüste wird.

Früher hörte Walter gerne deutsche Radiosender über Mittelwelle. Aber Mittelwelle sei leider abgeschaltet.

Walter begleitet seinen Besuch noch zum Gatter, nimmt dankend eine Tafel Schokolade entgegen und winkt noch eine Weile, die Ziegen meckern, und die Hunde bellen zum Abschied.

Memelaufwärts: Sowjetsk – Biténai

Auf der Memel (Nemunas auf litauisch) selbst ist wenig Verkehr. Einst war sie Lebensader der Region, jetzt ist sie still und schön und eilt zügig durch die grünen Auen. Wer am Ufer ins Wasser geht, wird schnell mitgerissen. Selbst geübte Schwimmer haben Mühe, gegen den Strom anzukommen. Wenn der Sommer richtig heiß ist und die Zuflüsse versiegen, kommt die Memel zur Ruhe. Der Pegel fällt so sehr, dass Menschen durch den Fluss waten können. Die Kleidung tragen sie zum Bündel geschnürt auf dem Kopf.

Am besten kennen sich die Schmuggler auf beiden Seiten der Memel mit den Strömungen aus. Der »kleine Grenzverkehr« hat eine lange Geschichte, mal ging es um Kaffee, Wodka und Zigaretten, mal um synthetische Drogen und Falschgeld. Seitdem die Grenze mit Drohnen und Wärmebildkameras überwacht wird, ist es hier ruhig geworden. Die Syndikate haben andere Wege gefunden.

Auf dem Weg nach Biténai kommt man an Sowjetsk vorbei, dem früheren Tilsit. Wenn man sich der Stadt auf dem litauischen Ufer der Memel nähert, sieht man schon von Weitem turmhohe gemauerte Kamine, achtstöckige sowjetische Plattenbauten und eine Abraumhalde von einem halben Kilometer Länge. Sowjetsk hat 40 000 Einwohner. Von Panemünde (Panemune) sind es nur ein paar hundert Meter über den Fluss, einer der drei Grenzübergänge zwischen Litauen und Kaliningrad.

Als Litauen 2004 der Europäischen Union beitrat, sah ich

Sowjetsk zum ersten Mal. Die Sonne spiegelte sich in den Scheiben, und die Straßen am Fluss waren wie ausgestorben. Busse drehten ihre Runden, hin und wieder tauchten Militärs in Uniform auf. Ein alter Tilsiter hätte im Stadtpanorama auch noch all die Leerstellen entdeckt, wo einst Kirchen waren, und Brachen, wo früher das Bürgertum wohnte.

Hier an der Memel wurde 1807 schon einmal Geschichte geschrieben. Auf einem Floß, das fest im Fluss verankert war, trafen sich das unterlegene Preußen und das siegreiche Frankreich. Ein paar Tage später schaltete sich die wohl beliebteste preußische Monarchin, Königin Luise, ein, doch an Napoleon biss sie sich die Zähne aus.

Sie wollte bessere Bedingungen für ihr Land. Er wollte nur plaudern. »Sie lassen mich immer allein sprechen, ohne auf meine Hauptfrage etwas zu erwidern. Und doch kostet es Sie nur ein Wort, um einen vernünftigeren Frieden zu schließen.«

Auf dieses Wort wartete Luise vergeblich, Napoleon blieb hart, schmeichelte der Königin aber später mit dem Satz: »Noch eine halbe Stunde länger, und ich hätte ihr nachgegeben.« Am Ende verlor Preußen die Hälfte seines Gebietes und musste hohe Entschädigungen zahlen. Die junge Monarchin wurde zur Legende: als Frau, die den Mut aufbrachte, dem mächtigsten Mann Europas zu trotzen.

Zweihundert Jahre später ging es auch um Frieden, aber noch mehr um Abgrenzung. Denn mit dem EU-Beitritt von zehn neuen Staaten, darunter den drei baltischen Republiken, rückten die Russen näher an die EU. Zum ersten Mal in ihrer Geschichte hatte die EU eine Außengrenze mit Russland, und die ARD hatte einen Übertragungswagen mit

Satellitenschüssel auf der Königin-Luise-Brücke geparkt. Es war der 1. Mai 2004, ein historischer Tag mit vielen Sendungen und Schaltgesprächen nach Berlin, Hamburg, Köln und München. Unten schwamm ein Biber durch den Fluss, oben zog es kalt von der Memel hoch, viel mehr war nicht zu sehen. Da brachte eine fliegende Händlerin eine Flasche Wodka vorbei, und wir Fernsehleute gaben uns dem alten Aberglauben hin, dass Schnaps wärmt, und zahlten und zitterten später umso mehr. Eigentlich waren wir gekommen, um die notorischen Staus vor dem russischen Grenzposten im Bild zu haben. Denn wenn etwas aus der Sowjetzeit überdauert hatte, dann waren es der barsche Ton der Beamten und lange Wartezeiten bei der Abfertigung. Aber die Russen dachten nicht daran, als schlechtes Vorbild zu dienen. Die Schlangen waren zum feierlichen Anlass weg. 2014 führte Russland dann – als Antwort auf die Sanktionen wegen der Krimkrise – eine Importsperre für Lebensmittel aus der EU ein. Seitdem ist es auf der Königin-Luise-Brücke noch etwas ruhiger geworden.

Ankunft in der Paradiesstraße

Ein paar Kilometer flussaufwärts liegt das kleine Dorf Bitenai (Bittehnen), der Heimatort von Lena Grigoleit. Damals ein Ort von siebenhundert Einwohnern, heute sind es hundert, und ebenso vielen Störchen. In Litauen kennt jeder diese

Ecke. Die Memel macht hier einen sanften Bogen, über den sich zu allen Zeiten gut schmuggeln ließ, und statt der ewigen Weiden und Wiesen bildet das Flussufer einen kleinen Berg mit dichtem Wald, dem Rombynus.

Der Ort Bitenai wird gern besungen. Das Heimatportal »Memelland« schwärmt von vergangenen Zeiten. »Früher wachte (...) ununterbrochen ein Fährmann, und wenn man auf die andere Seite wollte, genügte es, mit der Hand zu winken. Die Wälder von Bittehnen sind berühmt für ihre Waldbeeren, und die Menschen setzten (...) über die Memel, um im Sommer Beeren und im Herbst Pilze zu sammeln.«

Beeren und Pilze gibt es immer noch, aber sonst hat sich einiges geändert. Der Memelstrom bildet die litauisch-russische Grenze. Bitenai ist jetzt ein Dorf im Grenzgebiet, ohne Anlegestelle und ohne Fähre, und es gehört ohne Wenn und Aber zu Litauen. Daran lässt auch der Enkel von Lena Grigoleit keinen Zweifel. Mindaugas ist stämmig, energisch und unermüdlich. Er ist der Typ, der in Mutters altem Lada schon mit 13 Jahren allein zum Nachbarort fuhr. (»Heute kann man nicht mal auf dem eigenen Grundstück ohne Führerschein fahren.«) Vor fünfzehn Jahren hat er den Hof seiner Großmutter übernommen. Statt der einen Kuh namens »Rose«, die Lena Grigoleit täglich am Strick über den Weg hinter dem Haus, der »Paradiesstraße«, führte, hat er jetzt hundert Milchkühe, fünfzig Kälber, zwei Mähdrescher und zwei Traktoren, einen Wagenpark alter Volvos und die ersten Melkroboter weit und breit. Ein Mensch, der nicht gerne in den Wunden der Vergangenheit herumwühlt, sich aber wohl in der Geschichte bewegen kann.

Zur Zeit seiner Großmutter lebten Deutsche und Litauer, Juden und Christen und Agnostiker nebeneinander und heirateten. Das Memelland war Teil von Ostpreußen, aber die Siedler kamen aus vielen Ländern, darunter Glaubensflüchtlinge aus Salzburg, Mennoniten aus den Niederlanden und deutsche Ordensritter. 1944 hatte sich die deutschsprachige Bevölkerung vor der Roten Armee in Richtung Westen abgesetzt. Was übrig war an selbstständigen Bauern und Intelligenz, landete in sowjetischen Straflagern. Auch Lena Grigoleit musste ihre Koffer packen, ihre beiden Töchter und ihr litauischer Mann mussten mit in den Gulag.

Die Erwachsenen konnten mit dem Lagerleben in Sibirien offenbar besser umgehen als ihre Kinder. Die kamen voll von Ängsten und Bedenken zurück, erinnert sich Enkel Mindaugas.

»Im Lager lernten Omas Töchter, den sowjetischen Geist, also den eigenen Ehrgeiz, zu zügeln und keine großen Träume zu hegen. Damals galt: ›Wer zu viel hat, ist ein Faschist.‹« Nach Jahren in Sibirien zog die Familie zurück in ihr verlassenes Dorf an der Memel und baute den Hof wieder auf. Nach dem Tod ihres Mannes hielt Lena jahrzehntelang allein die Stellung.

Ihrer Biografin Ulla Lachauer erzählte sie, dass sie besonders gerne Wunschsendungen im deutschen Radio hörte. Jahrzehnte wartete sie auf ein Lebenszeichen ihrer ersten großen Liebe, des Nachbarjungen aus einer deutsch-nationalen Familie.

Lena Grigoleit ist seit Langem tot, aber sie lebt in der Kraft ihrer Worte: »Oma hatte vor niemandem Angst, auch nicht vor dem Direktor der Kolchose«, sagt ihr Enkel, als wir gemeinsam an ihrem Grab stehen.

Roboter übernehmen die Frühschicht

Mindaugas und Enida, die Erben von Lena Grigoleit, sind weiter gekommen, als die legendäre Bäuerin aus dem Memelland sich jemals hätte erträumen können.

Sie dürften die ersten Milchbauern sein, mit denen man morgens um halb neun frühstücken kann, während die Kühe selbstständig von Dusche zu Futtertrog zu Liegeplatz und Melkanlage trotten, wenn sie nicht gerade wiederkäuen oder ein Nickerchen machen.

Mindaugas sitzt – ganz der moderne Bauer, der seine Kühe beim Vornamen nennt – am Computer, durch eine Fensterscheibe von seinen Tieren im großen Stall getrennt.

Dieser mittelgroße Milchbetrieb kommt mit zwei Angestellten aus. Mindaugas' Vertrauen in die örtlichen Arbeitskräfte ist begrenzt. Er setzt lieber auf Melkroboter: »Die haben morgens keinen dicken Kopf und trinken keinen Schnaps zum Arbeitsbeginn. Die Melkautomaten gehen einfach besser mit den Kühen um.« Harte Worte und sicher keine, die einen bei Landarbeitern der Umgebung besonders beliebt machen.

Mindaugas' Umgang mit den Kühen ist so aufmerksam und zugewandt, dass man ihm abnimmt, dass es ihm nicht nur um die Milchmengen geht. »Menschen müssen sehr gut mit Tieren umgehen, gewalttätige Leute können Tiere richtig kaputt machen.«

Wenn Mindaugas wissen will, wie gut es ihm geht, muss er nur den leicht angegilbten Aushang an der Wand angucken.

»Als mein Großvater aus Sibirien nach Bittehnen zurückkam, wurde er Verkäufer im Laden. Das ist das Sortiment – laut Plan von 1953.«

Er fährt mit dem Finger über die lange Liste und liest vor: »Je ein Anzug für Männer, Frauen und Kinder – aus Wolle und aus Baumwolle.« Mindaugas schmunzelt. »Oben steht an erster Stelle: Streichhölzer, Brot, Schnaps und sogar Rasierwasser.« Ob sie das jemals alles vorrätig hatten?

Mindaugas denkt kurz nach: »Brot gab es immer. Das war Politik. Mit Brot kriegen sie die Bullen stark – und das Volk satt.«

Mindaugas und Enida haben sich in der Paradiesstraße eingerichtet. Sie haben erweitert, zugekauft und investiert. Einige der nach 1945 zugezogenen Dorfbewohner giften gelegentlich gegen Lenas Erben: Sie seien keine Einheimischen. Dabei sind sie die Einzigen mit echten Wurzeln im Dorf.

Aber Mindaugas wäre nicht der Enkel von Lena Grigoleit, wenn er sich von solchen Kleinigkeiten stören lassen würde.

Drittes Kapitel

Ein Wiedersehen mit deutschen Fahrrädern auf dem Flohmarkt von Kaunas

Wenn man der Memel weiter aufwärts folgt, vorbei an Schlössern und Badebuchten, kommt man nach Kaunas, der zweitgrößten Stadt des Landes.

Vor den Toren der Stadt liegt unübersehbar der Aleksotas, der größte Flohmarkt des Baltikums und Umschlagplatz für Waren aller Art. Hundert Buden, zwanzig Container, direkt an der Ausfallstraße. Über dem Markt schwebt ein Mantra. Die Händler wiederholen es so lange, bis auch die Kunden daran glauben. »Everything is legal« – oder – »viskas teisėtai«.

Doch dafür sind die Preise zu niedrig und die Waren noch zu neu. In deutschen Fernsehkrimis kommen die Übeltäter laut Drehbuch häufiger mal aus Litauen – etwa der Menschenhändler Jonas in der ZDF-Serie »Gefangen in Island«. Dieser schlechte Ruf stammt noch aus den ersten Jahren des »Wilden Ostens«. Der Aleksotas-Markt ist ein Überbleibsel jener Zeit.

»Man findet ihn auf dem linken Memelufer, etwa fünf

Kilometer vor der Stadt. Geöffnet ist er von 6.00 bis 15.00 Uhr jeden Tag außer Montag, weil auch die Ganoven sich etwas ausruhen wollen«, sagt Albinas, und er meint es nur halb im Scherz.

Albinas ist Lokalpatriot, aber nicht von Kaunas. Als Bewohner der Hauptstadt Vilnius pflegt er eine Abneigung gegenüber Kaunas, das früher auch mal Hauptstadt Litauens war. »Halte deine Brieftasche fest und schließ dein Rad gut an«, rät er.

Auf dem Markt herrscht am Samstagmorgen viel Andrang. Litauen ist das Land der Bastler, die aus drei Unfallwagen ein fahrbares Exemplar zusammenschweißen können, das in Deutschland wieder als Neuwagen durchgehen könnte. Es gibt Ersatzteile aller Art: Keilriemen und Zylinderkopfdichtungen, Reifen und Felgen, Wasserwaagen, Lichtmaschinen und Leitern, Stoßdämpfer und auch gebrauchte Zweiräder. Es gibt auch Büstenhalter, Nähnadeln und lebende Hühner zu kaufen. Ganze Familien sind unterwegs und schieben sich durch die Gassen zwischen den Ständen.

All is legal

Mich interessieren nur die Räder, und schon bei den ersten Exponaten wird klar, dass sie bestens in Schuss sind und nur minimale Gebrauchsspuren haben. Es ist schwer vorstellbar, dass sich jemand freiwillig von einem Rad trennt, das nur zwei kleine Kratzer am Rahmen hat. Die Herren Verkäufer – mit Ballonmütze und sportlichen Schuhen ausgestattet – können oder wollen dazu nicht viel sagen bis auf »all is legal«. Die Räder sind so preiswert wie die Besitzverhältnisse ungeklärt. Die Frage drängt sich auf, von welchem Laster sie denn gefallen sind – um mal eine saloppe Formulierung aus der Sprache der Beschaffung zu benutzen.

300 Euro für ein Herrenrad mit 10-Gang Nabenschaltung, Ledersattel und Nabendynamo. Daneben ein Elektrobike – ein Blick ins Smartphone weist einen Neupreis von 2222 Euro aus.

Dieses fast nagelneue E-Bike soll nur 800 Euro kosten? Die Männer sind eher wortkarg, aber lassen erkennen, dass in den Preisen noch Luft ist. Eine junge Verkäuferin lächelt ihre Kunden ohne Aufpreis an und weist den Weg in einen Schuppen, wo zwanzig Zweiräder warten.

Mein ständiger Begleiter Albinas, um Geschichten aus dem wahren Leben nie verlegen, war schon dienstlich vor ein paar Jahren hier. »Wir kamen zweimal. Einmal als Kunden. Wir haben eine kleine Probefahrt gemacht und schnell mit dem Handy die Rahmennummern fotografiert – und die Nummern dann an die deutsche Polizei geschickt.«

Albinas wird diesen Tag nicht vergessen. Er hatte die Reporter des ARD-Magazins Panorama im Schlepptau. Sie waren auf der Spur von Fahrraddieben, die mit Kleinstlastern ihre Beute auf die Fähre Kiel–Klaipėda schafften. Bei Stichproben standen und stehen die Zöllner vor einem Dilemma. Sie können zwar durch Hecktür und Seitentür ins Innere eines Transporters linsen. Aber was ist, wenn Reifen oder Matratzen so gestapelt sind, dass jeder Blick ins Innere des Frachtraums versperrt ist? Womöglich stehen dahinter die zwanzig Fahrräder, die gerade vom Hamburger Wochenmarkt in Windeseile des Nachts abgeräumt wurden? Die große Offenheit des vereinten Europas hat hier eine schwache Stelle. Im Schengen-Raum darf kein Zöllner ohne dringenden Verdacht die Ladung kontrollieren, wenn damit verbunden ist, den Laster vollständig auspacken zu lassen.

Die Hand am Griff

Wie es sich zeigte, waren die Nummern einschlägig: Es handelte sich ausschließlich um geklaute Räder aus Deutschland. Das hatte die Nachfrage bei der deutschen Polizei ergeben. Am nächsten Tag kamen die Rechercheure zusammen mit Albinas dann mit einer richtigen Kamera wieder. Sie hatten vor, die Verkäufer mit dem Vorwurf der Hehlerei zu konfrontieren. Da war plötzlich der Teufel los.

Albinas erinnert sich. »Oh, da wurden sie böse. Ein Typ mit Tattoos den ganzen Arm entlang wollte auf uns los und hat gedroht, uns zu erschlagen. Da hab ich meine Pistole in der Jackentasche umklammert.« Albinas war in seinem früheren Leben auch mal Offizier und Lehrer für Wehrkunde. Er hat einen Waffenschein für seine alte sowjetische Armeepistole. Manchmal kann das ganz beruhigend sein. »Ich hab dem Ganoven klargemacht, dass ich meine Hand an der Knarre hab und mich im Notfall mit der Waffe verteidigen würde. Das hat er mir dann zum Glück auch abgenommen.«

So kamen die Investigativ-Reporter ungeschoren davon.

Nun könnte man annehmen, dass die litauische Polizei bei Gelegenheit den Aleksotas flöhen, also durchsuchen könnte. Einige Daten könnten sie sich ja von der deutschen Polizei holen. Informationen zu gestohlenen Fahrrädern werden nicht automatisch in das europäische Fahndungssystem eingespeist. Sie bleiben hängen. Wie so manches.

Bevor sich nun alle Augen anklagend auf Litauen richten: Um alle gestohlenen Fahrräder des Westens (Deutschland verzeichnet 330 000, Niederlande etwa 110 000 Abgänge im Jahr) auf den Diebesmarkt zu bringen, müsste es Hunderte von solchen Märkten geben. Gibt es aber nicht, jedenfalls nicht in Litauen. Es dauerte keine Stunde, um alle Stände abzuklappern und zusammenzuzählen. Auf dem Aleksotas stehen an diesem Hochsommertag etwa zweihundert Fahrräder und zwanzig E-Bikes.

Ganz so schlimm wie gedacht ist es also dann doch nicht.

Es war schon mal viel schlimmer in den Zeiten, als die Mafia des Ostens das Sagen hatte.

Wilder Osten

Um keine falschen Vorstellungen zu wecken: Mir ist in Litauen noch nie etwas abhandengekommen, die Busse sind pünktlich wie die Bahnen, und auf den Straßen sind keine Räuber (mehr) unterwegs.

Es gibt allerdings ein paar Erinnerungen an den wilden Osten, an die Anfangsjahre der baltischen Staaten, in denen einige Menschen sehr schnell große Vermögen anhäuften. Es ging um ehemalige Kolchos-Vorsitzende, die sich landwirtschaftliche Staatsbetriebe unter den Nagel rissen. Oder Angehörige der alten Nomenklatura, die heute Hochhäuser besitzen. Die Ausgangsbedingungen waren eben doch nicht für alle gleich.

Besonders unangenehm waren die Szenen Anfang des Jahrtausends. Am Nebentisch des Hotels im Zentrum von Vilnius kramten fünf junge Burschen zu Beginn ihres Gesprächs die Handys hervor. Was dann geschah, erinnerte an Westernfilme, wo Cowboys im Saloon die Magazine ihrer Colts leerten, bevor sie sich zum Bechern niederließen. Die Herren am Nebentisch nahmen stattdessen ihre Akkus aus den Handys und legten sie in die Mitte des Tisches.

Albinas, der mit langen Ohren lauschte, erklärte das Geschehen: »Die Jungs teilen die Märkte auf, der eine die Drogen, der andere den Autoklau, der dritte die Frauen.«

Draußen vor dem Hotel standen nagelneue Porsches und Ferraris – und das in einem Land, in dem die Mehrzahl der Bewohner knapp über dem Existenz-Minimum lebte.

Viertes Kapitel

David gegen Goliath oder Leben im Schatten des Großen Bären

Wer noch die Mauer in Erinnerung hat, wird die Grenze zwischen Litauen und Russland am Grenzübergang Sudargas im Memelland recht beschaulich finden. Kein Todesstreifen, kein Stacheldraht, kein Kolonnenweg: nur ein Zaun aus Draht.

Die Grenzpfähle in gelb-grün-rot für Litauen und in weiß-blau-rot für Russland stehen keine zehn Meter auseinander, und dazwischen ist gemäht. An der innerdeutschen Grenze wurde das Gras auch niedrig gehalten. Das geschah aber, damit die DDR-Grenzer freies Schussfeld hatten. Hier – so scheint es – ist es eher eine Frage der Ästhetik.

Laurynas Kasciunas hat sich 200 Kilometer von Vilnius im Dienstwagen an die Grenze fahren lassen. Diese Fahrt unternimmt er regelmäßig. Der Zaun ist sein Kind, politisch gesehen.

Laurynas Kasciunas gehört zur konservativen Partei, hat in zwei Thinktanks gearbeitet und sitzt jetzt als Abgeordneter im Seimas, im litauischen Parlament. Ein junger Mann Mitte dreißig mit Brille, im dunkelblauen Tuch und Schlips, behände und gewitzt. Sein Drahtzaun soll russische Divisionen abhalten. Ist er dafür nicht etwas zu bescheiden ausgefallen?

»Er könnte noch höher sein. Ich hab sie schon höher gesehen, viel höher. Wie in Ungarn, drei bis vier Meter wären besser.«

Wenn man Laurynas Kasciunas glaubt, dann braucht Litauen dringend einen durchgehenden Zaun, damit der große Nachbar gezeigt bekommt, wo Litauen beginnt.

Bisher verlief die Grenze mal durch Flüsse, dann durch Sümpfe, dann wieder durch den Wald. Es gab streckenweise auch eine grüne Grenze. Damit soll jetzt Schluss sein.

Nur leider ist der Signaldraht zum Zeitpunkt meines Besuchs im Sommer 2017 noch nicht geliefert. Die Zaunpfosten stehen etwas verloren in der Gegend.

Zwölftausend Pfähle sind aber schon im Boden verankert: Das kostet knapp anderthalb Millionen Euro.

Sie sehen nicht so aus, als ob sie einen fahrenden Panzer aufhalten könnten.

Aber darum geht es Laurynas Kasciunas auch nicht.

Seine größte Angst ist, dass Russland getarnte Soldaten über die Grenze schickt, wie in der Ukraine. Sogenannte grüne Männlein, die man nicht gleich erkennt. »Das wäre eine neue Bedrohung. Russland könnte unser Land wieder unter seine Kontrolle bringen. Seine Herrscher wissen nicht, wo die Grenzen liegen. Das ist Russlands historisches Dilemma.«

In dieser Analyse ist der Sicherheitspolitiker Kasciunas, der schon wieder in seinem Dienstwagen zum nächsten Termin hastet, auf einer Linie mit seinen Kollegen in Estland und Lettland. Beide Länder haben ebenfalls Zäune hochgezogen und lassen sie mit Drohnen überwachen. Seit Russland begonnen hat, Grenzen in Europa zu verschieben, ist die Nervosität in den baltischen Staaten vor einem Überraschungsangriff gestiegen.

Die NATO hat reagiert und schweres Gerät und Kampftruppen mit jeweils 1000 Soldaten in Polen und den drei baltischen Staaten stationiert. Deutschland schickt 450 Soldaten nach Litauen.

Das klingt eher nach einer symbolischen Geste, man kann es aber auch als Signal sehen.

»Wenn die Nato an vorderster Front steht, ist sie auch involviert mit allen Konsequenzen. Noch vor zehn Jahren wäre es undenkbar gewesen, dass auch deutsche Soldaten in Litauen stationiert sind«, heißt es aus dem Auswärtigen Amt in Berlin. Mit anderen Worten: Deutschland ist militärisch mit im Spiel.

Dreimal täglich Hausbesuch

Es ist vergleichsweise einfach, einen Berufspolitiker an die Grenze zu locken, der dort einen Zaun bauen will. Schwieriger ist schon, sich selber an der Grenze zwischen Litauen und Kaliningrad entlangzuhangeln. Der Grenzschutz sieht das nicht gern. Alle naselang werde ich auf meinem Fahrrad gestoppt und muss Papiere vorzeigen.

Die Grenzregion um den Fluss Sesupe macht zwar auf den ersten Blick nicht den Eindruck, als ob hier bald Armeen – ob kleine oder große – durchmarschieren würden.

Hier leben Familien seit Generationen in den Flussauen, sie haben reichlich Fisch und halten ein paar Kühe. Eine Idylle – nur mit der Einsamkeit ist es im Weiler Svaiginiai vorbei.

Seit einiger Zeit bekommt Emas Familie ständig Besuch vom Grenzschutz. Etwa dreimal am Tag. Ema ist Bäuerin, ihre Tochter ist acht und sitzt gerade an den Hausarbeiten.

Ihr Mann arbeitet auswärts, und wenn er zu Hause ist, schraubt er an alten Traktoren. Zwei Kälbchen stehen auf der Wiese, die von Ema im Vorbeigehen gekrault werden. Nur etwas stört die Landliebe. Ema deutet auf einen Pfahl am Flussufer hin. Noch ist er nackt.

»Wir werden ständig überwacht. Jetzt kriegen wir sogar eine Kamera da oben hin, die immerzu Bilder macht. Man will sie möglichst schnell bauen. Danach werden wir noch sicherer sein«, sagt sie mit leiser Ironie.

Grenzbewohner haben ihren eigenen Humor. Sonst könnten sie da wohl nicht wohnen.

Bauer Laimonas drei Dörfer weiter hat gerade seinen langen Arbeitstag mit den 70 Milchkühen beendet und ist auf dem Weg an seine Lieblingsstelle am Grenzfluss – mit freiem Blick auf die russische Seite. »Manchmal üben die Russen da drüben, sprengen was oder zünden Bomben. Es gab mal einen Knall vor zwei Jahren, dass unsere Fenster gewackelt haben.«

Druck spürt er nicht – aber ein gewisses Unbehagen. Er weiß ja, wie sich ein Manöver anhört. »Ich denke nicht, dass der Zaun irgendwas hilft«, lacht er, und es klingt eher abwehrend.

»Wenn sie es wollen, werden die Russen auch durch den Zaun fahren.« Laimonas, ein kräftiger junger Mann mit großen Händen und wiegendem Schritt, bleibt auf der Hut. »Wenn es hier ernst wird, sind wir die Ersten, die es trifft, sagt Vater immer.« Laimonas wahrt seinen eigenen Sicherheitsabstand. Er zieht sich die Arbeitskleider vom Leib, watet runter zum Flüsschen und schwimmt eine Weile gegen den Strom. Aber er achtet genau darauf, dass er nicht zu weit rüber treibt. Die Grenze läuft genau in der Mitte des Flüsschens.

Danach beginnt Russland.

Kampfanzug statt Kirchenbesuch

Sonntagmorgen um sieben ist die Welt noch in Ordnung. Der Tag ist jung, es liegt Tau auf den Wiesen. Die Sonne wärmt, aber sie brennt noch nicht. Von Ferne weht das Gebimmel von Kirchenglocken her. Es könnte ein schöner, ein besinnlicher Sonntag werden, zumal in Litauen, dem Land, das so katholisch ist wie dessen Nachbar Polen, mit dem es lange in einer Doppelmonarchie verbunden war.

Doch die zwanzig Männer und drei Frauen hier auf dem Acker östlich von Vilnius üben lieber für den Ernstfall.

Ein Spaziergänger könnte die Frühsportler im ersten Moment für eine Qi-Gong-Gruppe halten, wie sie sich zu Boden gleiten lassen. Wenn da nicht die Tarnanzüge und die MG-Attrappen wären.

Doch Spaziergänger sind hier selten. Der karge Acker gehört einem Kameraden, hier im dünn besiedelten Osten Litauens haben sie ihre Ruhe. Litauen hat fast 700 Kilometer Grenze zu Weißrussland und fast 300 Kilometer zur russischen Exklave Kaliningrad.

Weißrussland ist nah – nur etwa 15 Kilometer Luftlinie.

Seit der Krimkrise üben Tausende Litauer jeden Sonntag in den Wäldern. Sie schließen sich den Schützen an, einer Freiwilligen-Organisation, die 1991 den Fernsehturm verteidigt hat, als Gorbatschows Fallschirmjäger die Unabhängigkeit rückgängig machen wollten.

Zur ersten Lektion der Freizeit-Infanteristen gehört, dass sie sich überall fallen lassen können müssen. Bei der Rolle seitwärts gibt es schlimmstenfalls blaue Flecken.

Wer sich aber vornüber fallen lässt, riskiert seine Kniescheibe.

Bei dieser Sonntagsübung geht alles sehr friedlich zu. Kein lautes Wort, kein Unteroffizier brüllt über die Wiese. Nicht nötig. Es sind eben keine Rekruten. Vidmantas Eitutis hat es mit Erwachsenen zu tun. Er ist Berufsoffizier im Ruhestand, ein hagerer Mann mit Schnauzbart und vom Typus harter Hund, der kein Wort zu viel verliert. Er hat **mit** der Roten Armee 1979 in Kabul gekämpft, und 1991 das Parlament von Vilnius mit den Schützen **gegen** die Roten Armee und deren Panzer verteidigt.

»Aus dem ganzen Land kamen Freiwillige, um ihr Parlament und die neue Freiheit zu schützen. Sie hatten oft nur Turnschuhe an den Füßen, ein altes Jagdgewehr umgehängt, einen Molotowcocktail in der einen Hand und einen Knüppel in der anderen«, raunt mir Albinas zu.

Was im Westen nicht alle wissen oder nicht wahrhaben wollen, ist, dass derselbe Gorbatschow, der die DDR ziehen ließ, sich enorm schwertat, Litauen und die beiden anderen baltischen Sowjetrepubliken endgültig in die Freiheit zu entlassen. Auch damals war es ein Sonntag, der 13. Januar 1991. In Vilnius gab es Tote, in Riga auch, Moskau ließ Panzer auffahren und schickte die Sondereinheiten mit den Schwarzen Baretts.

Doch die Zeiten für Okkupationen waren vorbei. Panzer und Baretts mussten sich am Ende zurückziehen.

Rennen und sichern

Vidmantas Eitutis lässt an diesem schönen Sonntagmorgen ein ums andere Mal üben, wie man sich im Gelände verhalten soll, wenn man dem Feind zu nahe kommt. Nummer eins musste rennen, Nummer zwei sichern. Plopp, plopp, weht es über die Wiese aus den Läufen der Luftgewehre.

100 Minuten später gibt es die erste Pause, und sie dauert nur drei Minuten. Verschwitzte Gesichter unterm Helm. Egie – eine der drei Frauen, eine Juristin Mitte dreißig mit blondem Haar und offenem Lächeln – wehrt nur müde ab. »Bitte keine Fragen und kein Foto.« Alles, was sie jetzt will, ist ein Schluck Wasser.

Um elf scheint die Sonne schon etwas kräftiger, und der Acker bietet so viel Schatten, wie Felder eben bieten, wenn sie abgeerntet sind, nämlich keinen. Albinas und ich lassen die Infanterie üben und wenden uns den fliegenden Schützen zu.

Die drei Informatiker, durchtrainierte lange Kerle mit der Statur von Basketballern, Anfang 30, Laurynas, Gedeminas und Albertas, packen einen weißen Flugkörper aus dem Kofferraum und bestücken den Rumpf mit Blackbox, Propeller und Autopilot. Es dauert eine Weile, bis die kleine Maschine startklar ist, ein bisschen Klebeband hier und dort hält das Provisorium zusammen. Ob dieser Flugkörper aus Styropor denn wohl auch die Landung überstehen wird? Das Bodenpersonal kennt solche Fragen, in der Antwort blitzt Selbstironie auf.

»Es gab eine Zeit, da hatte ich keine Ahnung, wie so ein Ding fliegt, aber sehr viel Praxis, unsere abgestürzten Prototypen zu reparieren«, sagt Laurynas und verzieht den Mund zu einem schiefen Grinsen. Das nun soll also die Luftwaffe der Schützen sein? Wer das lächerlich findet, sollte an die neue US-Kriegstaktik denken und welche Rolle Drohnen darin spielen.

Denn während die Infanterie jetzt ins Gelände trabt, kreist in 200 Meter Höhe die Drohne und liefert scharfe Luftbilder, die präzise genug sind, einer Rakete – weit weg von der Front – die nötigen Daten zu liefern.

Was treibt Menschen wie den Wirtschaftsanwalt Robert (Mitte 40, Studium in Heidelberg) dazu, einen Sonntag lang über die Wiese zu robben, statt einfach auszuschlafen? »Wenn die Ukraine fällt, dann sind wir als Nächstes dran«, sagt er. Letzte Woche war er zu Gast bei der Estnischen Bürgerwehr, deren Wimpel hängt jetzt in seinem Porsche Cayenne.

»Wir kennen die Russen besser als ihr, und wir trauen ihnen nicht.«

In diesen Kreisen sind auch Handbücher wie »Der totale Widerstand, Kleinkriegsanleitung für Jedermann« einschlägig, eine siebenbändige Reihe aus der Schweiz von 1957, die in Deutschland auf dem Index steht, also nur unter dem Ladentisch gehandelt wird.

Robert ist fasziniert von der Untergrundarbeit, der Arbeit in kleinen Zellen, wo jeder nur zwei andere beim Namen kennt:

»Dann kann man auch weitermachen, wenn die Okkupation lange anhält.«

Es ist ein offenes Geheimnis, dass die lange Grenze der baltischen Staaten bis 2014 kaum gesichert war.

»Sie sollen wissen, dass sie mit uns rechnen müssen«, sagt Robert.

Fünftes Kapitel

Hundert am Tag oder Warum es Litauer in die Ferne zieht

Manche Litauer trifft man bei sich vor der Haustür. In schöner Regelmäßigkeit steht sie dort, wo die U-Bahnlinie 3 über sie hinweg donnert auf dem Hamburger Wochenmarkt an der Isestraße – dienstags und freitags.

Sie nennt sich Aldona und ist Ende fünfzig. Sie hat kurz geschnittene dunkle Haare, warme Augen und die Stimme einer Märchenerzählerin. Ihr Nachname ist ein kleines Geheimnis, das sie gerne bewahren möchte. Sie machte Musik im Ausland, um sich das Leben in Litauen leisten zu können.

»Zuhause, da bin ich wer. Da kennen mich die Leute als Professorin.«

Aldona ist, soviel darf erzählt werden, eine preisgekrönte Musikerin. Daheim in Litauen ist sie Dozentin an einer kleinen Kunst- und Musikschule. Sie darf sich »Professorin« nennen. So schön das auch klingt. Es reicht für Brot und Butter, eine warme Wohnung und ein 20 Jahre altes Auto.

Litauer müssen auch fast 30 Jahre nach der Unabhängigkeit knapsen und sparen. Es gibt eine schmale Mittelschicht und einige enorm reiche Leute. Umso karger ist das Leben der anderen: Die Sozialhilfe liegt in Litauen bei etwa 110 Euro, der Mindestlohn bei etwa 300 Euro und Aldonas jüngerer Sohn verdient als Krankenpfleger mit zehn Jahren Berufserfahrung etwa 650 Euro im Monat und das bei Preisen für Lebensmittel und Brennstoff auf Westniveau.

So zieht sie jeden Sommer für einen Monat nach Hamburg. Aldona ist auch schon in der Elbphilharmonie aufgetreten, aber ihre gewöhnliche Bühne ist der Isemarkt. Die Hochbahnbrücke schützt vor Regen. Dort zieht es aber – und laut ist es auch. Fahrräder klingeln, und all paar Minuten donnert die U-Bahn über sie hinweg. »Wenn die Bahn dann über die Bohlen donnert, so dumm-dumm-dumm und ich grad ein Crescendo spiele, passt das sogar zusammen.«

Stundenlang sitzt Aldona auf einem Klappstuhl mit dem Akkordeon auf dem Schoß und spielt von »Take Five« bis zum Walzer von Shostakowich klassische und traditionelle Weisen. Ihr Körper schwingt hin und her. Mit ausladenden Gesten greift sie in die Tasten. Sie hat die große Gabe, wildfremde Menschen zum Mitsingen zu bringen. Ein kleines Lächeln fliegt hin und her. Passanten bleiben stehen und wippen leicht in den Knien. Bis der erste Zuhörer sich ein Herz fasst und mitsingt. Immer wieder entsteht dann ein Straßenchor aus lauter Fremden. Nachher sind alle beglückt. Aldona, weil sie ein Publikum hat, und die Passanten, weil sie sich lebendig fühlen – und es mal Wichtigeres gab als Käse und Pastinaken. Dann klimpert es auch im Kasten. Die Straßenmusikerin Aldona verdient dreimal so viel wie die Professorin Aldona.

»Aber es ist nicht nur wegen des Geldes. Ich liebe das Reisen und das Abenteuer.«

Wunderkind will in die Welt

Aldona war ein Wunderkind. Mit sechs gab sie ihr erstes Konzert im Vorgarten der Eltern. Für das erste richtige Akkordeon verkaufte die Mutter eine Kuh. Mit 16 ging sie auf das Konservatorium in Vilnius und lernte ihre beste Freundin Elena kennen und ihren späteren Mann. Nächste Station einer möglichen großen Karriere war das Konservatorium in St. Petersburg – und dann die Rückkehr in die Kleinstadt. Aldona bekam Kinder – zwei Söhne – und eine feste Stelle vor Ort an der Musikschule.

Irgendwann wurde es der Künstlerseele zu ländlich in ihrem kleinen Städtchen. Während der Erntezeit verdienten sich ihre Freundinnen etwas Geld dazu. Aber Aldona hatte Sorge um ihre Musikerinnenhände, und der Ehemann – auch er ein Musiker – ließ sie gehen. »Weil Rübensetzen die Hände ruiniert, stimmte mein Ehemann der Straßenmusik im fernen Hamburg zu«, sagt sie schön und feierlich.

1993 tauchte sie im Sommer zum ersten Mal in Hamburg auf, spielte auf der Straße und schlief in der Jugendherberge am Hafen. Das aufgesparte Reise-Geld war bald alle und der Verdienst bescheiden. Eine Passantin, so erzählt Aldona, muss ihr angesehen haben, dass ihr zum Weinen zumute war. So kam sie zu ihrer ersten kostenlosen Unterkunft. »Daraus ist eine richtige Freundschaft geworden. Ich kann da immer noch wohnen.« Nicht durch Zufall sind ihre Gastgeberinnen Menschen, die wissen, wie sich Fremde anfühlt. Die Dame vom Biostand nebenan, die ihr regelmäßig einen Kaffee bringt, ist ein Flüchtlingskind aus dem Memelland.

Mittelschicht auf Wanderschaft

Wenn man sich in Litauen umhört, ist Aldonas Spagat nicht ungewöhnlich. Da gibt es den Kunstprofessor aus Vilnius, der für einen Monat in London im Akkord in einer Wurstfabrik arbeitet. Oder den Lastwagenfahrer, der seit Jahren auf der iberischen Halbinsel arbeitet und einmal die Woche mit seiner sechzehnjährigen Tochter per Skype verbunden ist, die bei den Großeltern in Litauen auf dem Land aufwächst (und davon träumt, wegzugehen, wenn sie das Abitur hat).

Es ist nicht die reine Wanderlust, die Aldona bewegt, sich immer wieder auf die Reise zu machen, der Schulter das schwere Akkordeon zuzumuten und die zehn Kilo Schwarzbrot (dunkel und etwas süß) mitzuschleppen, die ein Litauer im Ausland immer dabei haben muss, um nicht vor Heimweh umzukommen. Es ist nicht immer angenehm, mit fast sechzig unter der Brücke zu stehen und sich hinter dem Stand für Wollsocken für den Auftritt schnell warm anzuziehen.

Aldona hat ein einfaches Mantra, das ihr fast immer hilft.

Alles so teuer.
Will ja nicht klagen.
Ist ja kein Krieg.

Dann seufzt sie und lächelt und spielt weiter. Aldona hat Litauen mit ihrem Spagat über Wasser gehalten und statt Urlaub zu machen Geld im Ausland verdient.

Doch viele jüngere Menschen haben beschlossen, die Zelte komplett abzubrechen. Die baltischen Staaten schrumpfen. Es ist nicht so, dass die Regierungen darüber gerne reden, aber es ist dennoch wahr. Litauen hat seit der Unabhängigkeit etwa ein Viertel seiner Bürger verloren, von knapp vier auf knapp drei Millionen ging die Bevölkerung zurück. Jeden Tag verlassen etwa 100 Litauer ihr Land. Sie nutzen die EU-Mitgliedschaft dazu, sich die Welt anzuschauen. Den beiden anderen Republiken geht es nicht viel besser.

Die Lehrer merkten das als Erste. Es gibt Menschen, die gehen – und Menschen, die gar nicht erst hier geboren werden.

Auch Albinas und seine Frau Ina können davon ein Lied singen.

Zu Sowjetzeiten waren beide Lehrer in einer Schule in der Nähe von Ignalina, unweit der weißrussischen Grenze.

Sie unterrichtete Deutsch, er Deutsch und Wehrkunde.

»Seit zehn Jahren ist die Schultür vernagelt. Solche Geisterschulen gibt es viele in unserem Land«, sagt Albinas.

Litauische Emigranten sind meistens zwischen 30 und 45 Jahre alt und trotz Berufsausbildung oder Universitätsabschluss seit mehreren Jahren arbeitslos. Anders als in den Anfangsjahren lassen die Auswanderer die Kinder nicht bei den Großeltern, sondern nehmen sie mit und verkaufen Grund und Boden, ganz so, als ob sie vorhätten, nie wiederzukommen.

Hoffen auf Heimkehrer

Einige Hoffnungen der Bevölkerungsplaner richteten sich auf die Rückkehrer aus England. Es gibt sie, und langsam wenden sie den Trend.

»In England haben sie die Schnauze voll von uns Ausländern – da möchte man nicht mehr leben«, sagt der Chef vom Little Mavis-Café in der Straße der Morgenröte in Vilnius. Er ist einer der Rückwanderer. Nach 15 Jahren in Bournemouth ist er aus England zurückgekehrt und versucht nun, die Litauer mit einigem Erfolg von der Raffinesse englischer Sandwiches zu überzeugen.

Die Rückkehrer haben einen scharfen Blick auf ihr Land und sehen sofort, wo es hapert: »Im ersten Sommer wurde unser wichtigster Flughafen Vilnius monatelang wegen Renovierung geschlossen, gerade in der Hauptreisezeit – warum kann man das nicht im Herbst erledigen?«

Die Heimkehrer von den britischen Inseln sind eine große Gruppe. Allein in England leben 200 000 Litauer.

England und Irland waren die Ersten, die 2004 ihren Arbeitsmarkt für Zuwanderer aus den neuen EU-Ländern öffneten. (Deutschland wartete sieben Jahre mit der vollen Freizügigkeit.) Wie man am Brexit sieht, war die Offenheit nicht von langer Dauer.

Heimweh nach den alten Zeiten

Wenn Aldona und ihre beste Freundin Elena in Vilnius bummeln, gehen sie am liebsten in ihr Stammcafé in der Altstadt, wo die Tasse Kaffee noch immer unter einen Euro kostet. Sie kennen sich vom Konservatorium und sind beide Professorinnen geworden. Anders als die abenteuerlustige Aldona, bleibt Elena lieber im Lande und hat keine lukrativen Urlaubsjobs.

Sie wohnt mit ihrem Mann seit 30 Jahren in einer Zweizimmerwohnung in Neu-Vilnius, einer Trabantenstadt. Zusammen kommen sie auf 1100 Euro. Die Hälfte geben sie ihren studierenden Kindern. Plötzlich holt diese blitzgescheite, warmherzige und elegant gekleidete Frau zu einem Vortrag über die Vorzüge der Sowjetunion aus: »Der

Musikunterricht war kostenlos, Arbeitsplätze gab es genug, und wenn man krank wurde, ging man in die Poliklinik.«

Aldona kennt das Lied, das ihre Freundin da anstimmt, zur Genüge. Selbst hat sie keine Sehnsucht nach den alten Zeiten, aber als Elena fortfährt, nickt sie nachdenklich.

»Es ist die Unsicherheit, die an uns nagt. Ich bin nervös. Wo wird meine Tochter arbeiten, nach dem Studium und all den unbezahlten Praktika? Was wird aus dem Sohn, was wird aus dem Neffen, der sich gerade zur Auswanderung entschlossen hat?«

Litauer sind es gewöhnt, ihr Glück in der Fremde zu suchen. In Chicago leben etwa eine Million Menschen mit litauischen Wurzeln. Wenn man sich umhört, so gibt es in jeder Familie ein Mitglied, das über Auswanderung nachdenkt. Ob als Ärztin in Norwegen oder als Cellist in Deutschland.

Auch Aldonas älterer Sohn hat die Welt im Blick.

Nach ihrem letzten Auftritt als Straßenmusikerin ist sie mit ihrem Mann nach Oxford gereist. Ihr Sohn hat dort seinen Doktorhut entgegengenommen. »Da weiß ich wenigstens, warum ich mir auf dem Wochenmarkt die Beine in den Bauch stehe.«

Sechstes Kapitel

Leonard Cohen und die verschwundenen Synagogen von Vilnius

Den besten Blick auf Vilnius hat man vom Berg der drei Kreuze. Oben weht im Sommer eine kleine Brise, im Tal liegt Nordeuropas größte mittelalterliche Stadt. Rote Ziegeldächer leuchten auf weißem Mauerwerk. Gotische Backstein-Klöster, barocke Kirchen und orthodoxe Zwiebeltürme stehen dicht an dicht. Ein Labyrinth, eine Stadt zum Verlaufen und Verlieben. Moderne Städte sind am Reißbrett entstanden. Vilnius ist gewachsen.

In dieser Stadt haben die großen Kirchen alle Stürme überstanden – auch 44 Jahre Sowjetunion. Schikanen gegen Gläubige waren häufig, und der KGB bespitzelte Priester. Es war nicht opportun, Weihnachten zu feiern oder öffentlich zu beten. Doch Litauens führende Kader hatten Hemmungen, die Gebäude zu schleifen. Vielleicht waren sie im Herzen Katholiken geblieben – oder hatten zumindest Angst vor der Hölle. So wurde die Kathedrale zur Kunstgalerie – und damit gerettet. Andere Kirchengebäude dienten als Materiallager für Kabelrollen oder Medikamente. Bei der Barockkirche St. Kasimir erlaubten sich die örtlichen Genossen einen Scherz. Das Gebetshaus neben dem alten Rathaus machten sie zum Museum des Atheismus. Die wichtigsten Exponate waren ja schon vorhanden.

Nur die weithin sichtbaren Kreuze auf dem Berg waren den Sowjets ein Dorn im Auge, und sie sprengten sie 1950.

Doch die Litauer wollten nicht ohne die drei Symbole leben, und so bauten sie die Kreuze auf, als die Sowjets wieder weg waren.

Von oben betrachtet ist Vilnius ein barockes Meisterwerk, dem die Moderne nicht viel anhaben konnte. Auf einer goldglänzenden Schautafel kann man sich von Kirche zu Kirche hangeln. Aber etwas fehlt auf der Schautafel, und nicht nur dort. Von den 130 Synagogen vor dem Krieg stehen nur noch zwei.

Halb Israel – halb Hollywood

Wer häufiger durch Vilnius geht, beginnt irgendwann, nach der anderen Hälfte zu suchen, den Spuren jener Menschen, die 1941 verschwanden. Nicht, dass alles versunken und vergessen wäre. Das Haus, wo der Begründer des Zionismus, Theodor Herzl, 1903 wohnte, trägt eine Plakette an der Hausfront. Es gibt Denkmäler für den guten Kinderarzt im Ghetto und den großen Denker Gaon. Die Synagoge leuchtet im neuen Glanz. Es gibt wieder jüdisches Leben, wenn auch in bescheidenem Umfang. An hohen Feiertagen kommen 300 Menschen in der einzigen intakten Synagoge zusammen, die andere wird zur Zeit wieder hergerichtet.

»Jetzt sind wir noch zweitausendfünfhundert Leute. Wenn wir uns alle in der Siemens Arena mit zehntausend Plätzen versammeln, sieht sie immer noch leer aus«, sagt der Vorsteher der jüdischen Synagoge Simas Levinas und lächelt leise.

Wer Bagels mag, muss nicht extra nach New York fahren: Die besten gibt es neben dem Gemeindehaus. Das alte Ghetto und das neue Ghetto – links und rechts der Deutschen Straße gelegen – werden hergerichtet.

Aber gegen die Reiterstandbilder und Heiligen, die barocke Pracht kommen sie nicht an.

Wie eine deutsche Provinzstadt, die sich Glanz von auswärtiger Prominenz erhofft, gedenkt Vilnius auch der Geistesgrößen auf Durchreise wie Madame von Stael.

Die Verneigung gilt sogar Rockmusikern, die niemals hier waren: Frank Zappa und John Lennon haben eigene Denkmäler. Vilnius ist schließlich die Stadt des Rock'n'Roll, und die Musik – mehr oder weniger heimlich gehört – war in den Siebzigern ein Vorgeschmack auf die ersehnte Freiheit. Interessanter sind die Namen, die fehlen.

Was ist mit Woody Allen, Leonard Cohen, Bob Dylan?

Und was mit Barbra Streisand? Mit Nadine Gordimer, Marc Chagall? Sie haben ihre Wurzeln hier: Mütter, Väter und Großeltern.

Was ist mit Shimon Peres und Menachem Begin und dem ersten israelischen Staatspräsidenten Chaim Weizman?

Was sie gemeinsam haben, ob sie nun Hollywood groß machten oder den Staat Israel gründeten, ist ihre Herkunft. Sie alle sind Litvaks, so nennt man die Juden Litauens. Innerhalb der Juden hatten sie einen besonderen Rang.

Vilnius war mal die Stadt der jüdischen Aufklärung, der Cabarets, Thora-Schulen, Theater und Zeitungen. Eine Stadt im alten litauisch-polnischen Vielvölkerreich, in der sich jüdisches Leben freier entfalten konnte als anderswo in Europa. Bis dann passierte, was Amit Belaite »die besonderen Umstände« nennt. Wenn jemand das junge jüdische Vilnius verkörpert, dann wohl sie.

Spurensuche mit Amit

Amit Belaite bückt sich und streicht über die Steine, große Quader aus Granit, jeder einzelne zwei Zentner schwer. Es sieht aus, als ob Riesen Würfel gespielt haben.

»Als Kind hat mich mein Vater gewarnt. Gehe nicht drüber!«

Amit ist 25 Jahre jung und Präsidentin der jüdischen Studenten in Vilnius. Sie hat dunkle lange Haare und einen intensiven Blick aus braunen Augen. »Wir fallen hier schon auf in diesem Land. Die Litauer sind fast alle hell.«

Es gibt eine Generation, deren Wissbegier größer ist als

der Schmerz. Deshalb klettert Amit jetzt über die Steine vor dem Sportpalast, eine dieser kühnen Betonkonstruktionen aus den Sechzigern, die auch im Westen damals als das Nonplusultra galten. Der Sportpalast in Vilnius liegt direkt am Fluss neben dem Hügel mit der Gedeminas Burg, dem Wahrzeichen von Vilnius, und den Drei Kreuzen. Beton ist Beton – und er gammelt sichtbar. Unter dem Beton liegt ein alter jüdischer Friedhof. In der Sowjetzeit wurden die Grabsteine weggekarrt und als Treppenstufen verbaut. »Kannst du dir vorstellen, dass diese Steine von den Gräbern aus dem 15. Jahrhundert stammen und Leute darauf jahrzehntelang herumtrampelten?« Wenn Amit redet, dann sprudelt sie. Wenn sie im Reden kurz nachdenken muss, dann sagt sie einfach »you know«.

Sie spricht akzentfreies, flüssiges Englisch, das sie auf dem jüdischen Gymnasium in Vilnius gelernt hat.

Seit ein paar Jahren weht in Vilnius ein neuer Wind. Der Bürgermeister hat sich bei Daniel Lupshitz Rat geholt, einem Mann aus Vilnius, noch zu Sowjetzeiten nach Israel emigriert, der nun häufig die alte Heimat besucht. Von ihm stammt ein sehr eindringlicher Appell.

»In ganz Litauen, in jedem Dorf und dessen Straßen liegen 800 Jahre alte gemeinsame Geschichte der Litauer und Juden. In der ganzen Welt gibt es nur drei Jerusalems: Das himmlische, die Hauptstadt Israels und Vilnius als Jerusalem des Nordens. Lasst uns das schätzen, pflegen und zusammen wiederaufbauen.«

Genau das passiert hier am Sportpalast.

Die Grabsteine sollen nicht mehr als Stufen dienen müssen. Ein Denkmal wird entstehen. So wird vielleicht wieder etwas in Ordnung gebracht. Niemand soll mehr auf jüdischen Grabsteinen herumtrampeln.

Amit nimmt zwei Quader unter die Lupe, der eine voll von hebräischen Buchstaben, der andere hat eine glatte Oberfläche. »Ob die wohl einfach abgelaufen wurden?«

»Wir sind auch ein Teil von Vilnius.«

Das erste Mal, dass Amit öffentlich aus dem Rahmen fiel, war, als sie mit einem T-Shirt durch Vilnius lief mit dem Text: Ich liebe Vilnius. Nur das Herz war bei Amit ein Davidstern. Die Aufschrift stammt aus einem Gedicht über die Steine und Straßen von Vilnius. Hinter ihr ein langer Tross. Erst hatte sie höchstens mit ein paar Dutzend Interessierten gerechnet. Es meldeten sich 400 Leute, viele davon keine Juden, man musste die Gruppe teilen. »Viele Litauer wissen, wie reich die jüdische Geschichte von Vilnius ist. Aber sie wissen nicht, wo sie suchen müssen.« Der Rundgang startet beim jüdischen Kulturzentrum im alten Ghetto. Durch die Gaon-Straße, benannt nach dem berühmten Rabbi, der Vilnius zum Ehrentitel »Jerusalem des Nordens« verholfen hat.

Und zu den Plätzen, wo Schilder daran erinnern, dass hier einst Büchereien, Theater, Kabaretts und Schulen standen.

Sie lässt keinen Zweifel dran, dass sie sich als ein Teil von

Vilnius fühlt und dass man sich um sie keine Sorgen machen muss. »Wir fühlen uns hier sicher. Woanders werden Juden mit Kippa angefeindet. In Vilnius passiert das nicht.« Sie nennt Malmö und dann Berlin-Neukölln als Beispiel. »Habt ihr Deutschen eure Hausaufgaben gemacht?«

Auch in Litauen gebe es Schmierereien auf Friedhöfen und Pöbeleien im Netz: »Aber keinen Antisemitismus in den Ämtern oder der Regierung, und das finde ich sehr beruhigend.«

Lennon und Cohen

Die nächste Station ist ein kleiner Platz in einer Siedlung von gepflegten Apartments außerhalb der Altstadt. Um die Ecke ist Litauens erstes Rock'n'Roll-Hotel. An der Stirnseite steht John Lennon von den Beatles, und zu seinen Füßen liegen ein paar Rosen. Das Denkmal besteht aus einem markanten Halbprofil aus Metall, das eine Auge ist verdeckt von einer Sonne.

Amit steht etwas unschlüssig vor Lennons Denkmal. Wie nun ihre Heimatstadt in Schutz nehmen vor dem Verdacht des absichtsvollen Vergessens? Sie ist viel zu klug, um den einen gegen den anderen ausspielen zu lassen. »Willst du mich provozieren?« fragt sie, als die Frage kommt, warum Lennon geehrt wird und Cohen nicht.

»Die Beatles haben doch – in dem Lied ›Imagine‹ – gesungen, alle Menschen sollen sich vertragen (»all the people in the world agree«), und das passt doch perfekt zum Geist des alten Vilnius, wo wir ziemlich lange friedlich Seite an Seite gelebt haben. Und by the way – ihr Manager Brian Epstein ist ein Jude aus Vilnius.«

Dann macht sie eine Pause: »Aber trotzdem ist das eine berechtigte Frage, warum Leonard Cohen bisher kein Denkmal hat.«

Wenn man die Frage an Remigijus Simasius weiterreicht, den Bürgermeister von Vilnius, einen sehr umgänglichen Liberalen und früheren Justizminister, hört man: »Wir haben Kontakt zu ihm aufgenommen und ihn eingeladen. Aber lange Zeit war Leonard Cohen nicht so interessiert an seinen Wurzeln. In den letzten Jahren wuchs sein Interesse. Aber dann starb Cohen leider.«

Einladungen hat der Bürgermeister auch an andere Litvaks verschickt und wartet nun auf Besuchswünsche mit Zeitangaben. Oben auf der Liste steht der frühere Bürgermeister von New York, der Medienmilliardär und Philanthrop Michael Bloomberg, dessen Mutter Charlotte aus Litauen stammte. »Seine Familie will schon lange kommen, aber er hat einen sehr vollen Terminkalender«, bedauert Simasius.

PS: Drei Jahre nach seinem Tod bekam Leonard Cohen 2019 doch noch ein eigenes Denkmal. Bürgermeister Simasius enthüllte die lebensgroße Bonzeskulptur in einem Innenhof in Vilnius. Cohens Mutter Masha Klonitsky verließ Litauen 1928 in Richtung Kanada.

Tief in den Hinterhöfen

Eines Tages werden vielleicht auch Michael Bloomberg oder Bob Dylan durch das Ghetto von Vilnius streifen. Als Amit das in Hebräisch verfasste Schild vom alten Kerosinhandel (Sklep Nafta) sieht, ist sie kaum zu halten und tritt durch das Tor in den Hinterhof. Wenig ist geblieben vom Jerusalem des Nordens. Ein paar großformatige Schwarz-Weiß-Fotografien an der ehemaligen Bibliothek in der Zemaitijos-Straße zeigen junge Menschen voll Zuversicht, und gegenüber auf dem Parkplatz sieht man im zweiten Stock, wenn man genau hinschaut, einen vereinzelten Davidstern im Mauerwerk. Erst wohnten hier bis 1941 Juden, dann Leute mit guten Beziehungen zur KP und jetzt Leute mit wenig Geld und geringen Ansprüchen, die – wie früher – kleine Verschläge in den Hinterhof für ihr Feuerholz gebaut haben. Amit kennt sich hier aus. Immer wenn sie ihre Freundin besucht, schaut sie in die Höfe. Um diese Häuser wurde erbittert gerungen, bis die Stadt die Erben vor ein paar Jahren pauschal entschädigte.

Der damalige Vorsitzende der jüdischen Kultur-Gemeinde, Emanuelis Zingeris, ließ sich 2005 bei einem Gang durch die Höfe mit der Kamera begleiten und wurde von Bewohnern rüde beschimpft. Danach sagte er – halb entschuldigend: »Sie dachten wohl, ich wollte sie vertreiben.«

Amits Familienbaum

Mit Amit auf dem Weg durch die Stadt muss man gefasst sein, an jeder zweiten Ecke eine Lektion in Geschichte zu bekommen.

»Hier in diesem Konvent haben Nonnen jüdische Menschen versteckt«, sagt sie und zeigt auf eine hohe Mauer in der Altstadt. »Meine Großmutter hat so überlebt. Zum Glück gab es auch solche Litauer und Litauerinnen. Wenn es noch ein paar mehr gewesen wären, hätte ich einige Onkel und Tanten mehr.«

Amit hat einen Weg gefunden, sich ihre eigene Familie zu schaffen. Zum Geburtstag bekam sie von ihrem Freund ein kleines Päckchen. »Du spuckst in eine Tüte, faltest sie zu und schickst sie nach Amerika.« Seit Kurzem weiß sie ihre DNA und kann lokalisieren, wo Menschen mit ähnlicher DNA wohnen. Was natürlich nur funktioniert, wenn diese Menschen auch einen Genom-Test machen lassen und sich im Netz registrieren lassen.

Seither verbringt sie jede freie Minute mit Ahnenforschung.

Auf ihrem Smartphone tauchen Bilder auf von Menschen, die eine gewisse Ähnlichkeit mit Amit haben – und vor allem eine verwandte DNA. Eine Cousine zweiten Grades hat sie schon gefunden. Und einen Vetter in Berlin, der elektronische Musik liebt. Die Zeit läuft ihr davon. Die eine Schwester ihres Großvaters ist vor Kurzem im Alter von 102 Jahren gestorben. Gerade mit ihr hätte sie gern gesprochen. Bisher hatte sie immer geglaubt, dass ihr Großvater der einzige seiner Familie war, der überlebte.

Das schwierigste Kapitel ist noch offen

Es gibt eine sichere Methode, Litauer in die Reserve zu treiben, vor allem Menschen aus der älteren Generation. Schwierig für sie ist die Zeit 1940 bis 1945, wenn es um Kollaboration und Schweigekartelle, um Volkshelden, Kriegsverbrecher und eindeutige Antworten geht.

Die Kurzversion der Geschichte lautet: Litauen musste zwei Besatzungsregimes zwischen 1940 und 1945 erdulden. Erst kamen die Sowjets für ein Jahr, dann die Deutschen für vier Jahre. Die Sowjets verschleppten alle Bauern, die mehr als eine Kuh besaßen, in Straflager und löschten fast die gesamte Führungsschicht aus. Sie hatten Helfer unter den Einheimischen. Einige der KGB-Offiziere waren Juden. So entstand die bis heute populäre Legende, wonach Juden samt und sonders Kommunisten waren (auch die wohlhabenden Kaufleute und Fabrikanten) und dass Juden den Mord an der litauischen Intelligenz auf dem Gewissen haben. Historisch ist das gefährlicher Unsinn, stempelt es doch alle Juden zu Sündenböcken ab und spricht alle anderen von allem frei.

Legenden können so falsch sein, wie sie wollen. Entscheidend ist, dass sie geglaubt werden.

Unstrittig ist, dass danach deutsche Besatzer von 1941–1945 ins Land kamen. Sie waren von der Idee besessen, alle Juden umzubringen. Fast wäre es ihnen in Litauen auch geglückt. Auch sie hatten einheimische Helfershelfer. Litauer haben sich an den Morden beteiligt und am Besitz der Getöteten bereichert. Manche von ihnen wurden später Volkshelden im Partisanenkampf gegen die Sowjets.

Die tiefere Wahrheit ist wohl, dass Opfer zu Tätern werden können und umgekehrt und dass mit dieser Ambivalenz schwer zu leben ist.

Eine der umstrittensten Figuren Litauens ist die Journalistin Ruta Vanagaite. Viele Litauer sehen sie als russische Agentin und als Nestbeschmutzerin. Sie untersucht die Rolle der eigenen Leute während der deutschen Besatzungszeit und hat auch Kollaborateure in der eigenen Familie ausgemacht. Ihr Großvater lieferte den deutschen Besatzern Namenslisten von Juden. Dafür bekam er dann kostenlos jüdische Zwangsarbeiter zugeteilt.

Ein Fall von Verrat, gewiss, aber es gab noch eine ganz andere Art von Kollaboration. Im Wald von Ponai, nicht weit von Vilnius, ist eines der größten Massengräber der Geschichte.

Die Gedenkstätte dazu ist schwer zu finden, und es verirrt sich kaum ein Litauer dort hin.

Kaum einer der Judenmörder wurde vor Gericht gestellt.

Es ist offenbar nicht einfach für ein von den großen Nachbarn als Spielball gebrauchtes Land, die eigene geschichtliche Rolle herauszuarbeiten.

Es ist Sache der Litauer, genau hinzuschauen. Belehrungen – von anderer Seite – sind unerwünscht und dürften im Zweifel das Gegenteil bewirken.

Siebtes Kapitel

Uzupis und das Recht, nicht berühmt zu sein

Uzupis ist eine vage Idee, ein kleiner Rückgriff auf das, was Vilnius einmal war: eine Art Jerusalem als Stadt der verschiedenen Völker und Kulturen. Uzupis liegt jenseits des Flüsschens, das sich durch Vilnius schlängelt, auf einer Halbinsel und umfasst ein paar hundert Häuser, Gassen und Plätze. Es atmet den Geist der Boheme. 1997 von einer Handvoll von Visionären gegründet, behauptet es sich seither als kleine Republik mit einem Präsidenten auf Lebenszeit, einer Verfassung in 29 Sprachen, eigener Währung und Brückenzoll.

Eine Fantasierepublik mit echten Staatsbesuchen und vier Flaggen – für jede Jahreszeit eine. Eine Oase mit Regeln.

Der erste Artikel der Verfassung lautet: »Jeder Mensch hat das Recht, beim Fluss Vilnia zu leben, und der Fluss Vilnia hat das Recht, an jedem vorbei zu fließen.«

Anfangs hatte Uzupis eine eigene Armee, aber nach einer Weile kam man darauf, dass man sie nicht wirklich braucht. Also wurden die elf Soldaten von ihrer Aufgabe wieder entbunden. Ob die Schutzmacht von Uzupis je existiert hat? In Uzupis balanciert man zwischen Sinn und Unsinn elegant hin und her.

Fest steht aber, dass der Dalai Lama schon dreimal dort war. Asta Vasiliauskaite, die grauhaarige Bildhauerin, hat ihn mit eigenen (leuchtenden) Augen gesehen und seinen Mönchen zugenickt, wenn sie zum Meditieren kamen. »Als der Dalai Lama zu uns kam, tauchten seine Mönche vor meiner Tür auf. Wir hatten nur Augenkontakt. Als sie wieder weiterzogen, haben sie mir einen kleinen Buddha vor die Tür gestellt.«

In den alten Zeiten nach dem Krieg war Uzupis das Viertel der Messerstecher, und es gehörte schon einiges an Mut dazu, hier sein Quartier aufzuschlagen. Aber Asta, damals gerade frisch von der Kunstakademie, zog das an:

»Das war ein gespenstisches Viertel, und alle anderen machten, dass sie von hier fort kamen und eine Neubauwohnung bekamen.« Asta wohnt seit 33 Jahren in einem vollgestopften Zimmerlein über ihrem kleinen Atelier, sie hat die Nachbarschaft nicht abgeschreckt. »Man kannte sich mit der Zeit. Die Ganoven haben uns nicht angefasst. Aber Fremde mussten ein bisschen aufpassen.« Die Fremden – das waren vor allem Männer, die hier zu den Prostituierten gingen.

Astas Methode hat in Uzupis Schule gemacht, sie wurde zur offiziellen Regierungspolitik. Wissenschaftler nennen das »Kontrolle durch Kooperation«. Zeitzeugen berichten von einem Dialog zwischen dem Oberhaupt der Tibeter und dem Präsidenten der Inselrepublik. Auf eine schwierige Frage gab es eine einfache Antwort. »Was macht ihr mit Kriminellen?«, wollte der Tibeter wissen. »Wir leben mit ihnen«, erwiderte der Präsident. »Wenn man sie kennt, mit Namen anspricht, beachtet und respektiert, geben sie Ruhe.« Und das klappt? »Ja, zumindest hier.«

Uzupis und seine Bewohner haben viel erlebt. Von der Wohnstatt der Juden ab dem 16. Jahrhundert bis zum Arme-Leute- und Rotlicht-Viertel nach dem Krieg.

Eine Ahnung von den Wohnverhältnissen gibt der zweite Artikel der Verfassung von Uzupis, der all das zum Mindeststandard erklärt, was hier früher vermisst wurde: »Jeder Mensch hat das Recht auf heißes Wasser, Heizung im Winter und ein Ziegeldach.«

Als die Bildhauerin Asta 1984 dort einzog, lebte ihr Nachbar, der Maler Romualdas Kunzas, schon seit zwanzig Jahren in seinem kleinen Atelier. Auf der Suche nach diesem Urgestein von Uzupis hatten wir an ihre Tür geklopft, um zu erfahren, dass Kunzas schon ein paar Jahre tot war. Asta pflegt sein Andenken.

Er malte die drei roten Häuser am Fluss mit den Ateliers in den starken Farben des Spätexpressionismus und die Damen des Viertels vorzugsweise nackt und verführerisch.

Romualdas Kunzas hatte die große Gabe, sich die Welt schönzugucken. Während er die Idylle am Fluss und die Schönheit der Frauen festhielt, trauten sich die Bewohner von Vilnius kaum über den Fluss. Lange prangte die Aufschrift »Straße des Todes« an einer Häuserwand auf der Hauptstraße von Vilnius. Aber irgendwann war die wüste Zeit vorbei. Als Symbol der neuen Zeit ließ die neue Republik eine Säule mit einem Beton-Ei im Herzen von Uzupis installieren.

Seit 2002 steht dort ein mannshoher Engel mit Trompete.

Noch immer ist Uzupis nicht überrenoviert. Hier wohnen die, die sich ihre Stadt sonst nicht mehr leisten können. Die drei Hektar Stadt am Rande der Altstadt von Vilnius gehören seit 1997 den Lebenskünstlern. Wobei gehören – rein juristisch betrachtet – nicht stimmt. Die Stadt verpachtet Ateliers, und die Yuppies – auch die gibt es in Litauen – haben viele der alten Häuser gekauft, als sie noch billig zu haben waren, und drängen die Lebenskünstler langsam an den Rand.

Auswärtiger Dienst

Ein Hauch von stolzer Stadtteilrepublik weht durch das kleine Viertel am Fluss.

Uzupis ist völkerrechtlich nicht anerkannt, aber die Liste der Besucher reicht vom indischen Außenminister bis zu den Präsidenten der baltischen Republiken.

Die kleine Enklave Uzupis hat 200 Botschafter weltweit – etwa so viel wie die Bundesrepublik Deutschland. Die Ernennung der Botschafter erfolgt formlos auf einem Stuhl im Garten der Kneipe am Fluss und weicht auch sonst vom üblichen Protokoll ab. Es gibt Botschafter, nicht nur für einzelne Länder, sondern auch für Stadtteile wie Kreuzberg oder Montmartre. Es gibt Botschafter für die Leere oder für Katzen in Kanada. Selbst für Orte der Vergangenheit gibt es Botschafter, etwa für Königsberg oder das jüdische Galizien.

Der geistige Vater dieses »Ministeriums« ist der langjährige selbsternannte Außenminister Thomas Chepaitis. Zusammen mit dem Präsidenten Romas Lileikis hat er die Republik Uzupis ausgerufen: »In mancher Hinsicht ist das

Außenministerium von Uzupis das größte Happening meines Lebens mit mehr als 400 Menschen, die daran teilnehmen«, steht auf der Homepage der Republik.

Es ist nicht so, dass die Repräsentanten von Uzupis ständig im Restaurant »Uzupio Kavine« Hof halten. Das gemauerte Gebäude direkt hinter der Brücke mit dem schönen Biergarten dient im Allgemeinen als Restaurant und im Besonderen als Regierungssitz.

Wer die Republikaner von Uzupis in dieser Hinsicht zu ernst nimmt, kann schnell ins Leere greifen. Wenn die Leithammel von Uzupis keine Lust haben – interessanterweise sind es überwiegend Männer –, dann motiviert sie auch nicht die Aussicht auf Geld, denn alle Ämter sind ehrenamtlich. Wenn die Herren keine Lust haben, dann haben sie keine Lust.

Uzupis kennt die Unverbindlichkeit, die mit der Freiheit einhergeht. Wenn man den Präsidenten von Uzupis sucht, ist er immer auf Reisen. Albinas kennt ihn noch aus den gemeinsamen Studientagen, den Filmemacher und Musiker Romas Lileikis. Aber zu einem Gespräch kommt es nicht.

Albinas schildert den Mann mit dem angegrauten Dreitagebart und den wasserblauen Augen als einen Meister der freundlichen Ironie. Das Jahr beginnt in der Republik Uzupis am Frühlingsanfang. »Da werfen wir symbolisch alle Vorurteile ins Feuer«, soll Romas Lileikis gesagt haben. »So haben wir wieder Platz für neue.«

Einer der Botschafter ist ein deutscher Auswanderer, der vor zwanzig Jahren sein Herz an eine schöne Frau verlor und ihr nach Vilnius folgte. Andreas Rodenbeck ist sehr zugänglich und kann doppelt so schnell reden, wie andere denken. Er wohnt hier mit Kind und Kegel in einem renovierten Hinterhof in einer lichtdurchfluteten Wohnung, in der alles aus Holz und hellen Stoffen ist. Andreas ist ein Mann voller Ideen, von Haus aus Deutsch-Lehrer und einer der Gründer des Kindergartens von Uzupis. Man trifft ihn auf ein Bier im »Korken«, der schmalen Kneipe beim Engel mit der Trompete, dem Treffpunkt der Boheme. Die Gäste wirken nicht so, als ob sie sich täglich ins Büro quälen müssten. Stattdessen hat man »Projekte«.

Uzupis erwartet von seinen dreitausend Bürgern wie alle Staaten ein klares Bekenntnis zur Verfassung. Dieser Text ist ein kleines Meisterwerk des angewandten Humanismus und voll surrealen Charmes und hängt in zwei Dutzend Sprachen – in silbern glänzendes Metall graviert – riesengroß an einer Hauswand. Präsident und Außenminister haben die Verfassung zusammen geschrieben. Jeder hat das Recht, zu lieben, einmalig zu sein, Fehler zu machen, missverstanden zu werden, glücklich oder unglücklich zu sein. Garantiert ist auch das Recht zu weinen. Aber: »Niemand hat ein Recht auf Gewalt« und »Der Hund hat das Recht, ein Hund zu sein«, heißt es in der Verfassung. »Die Katze muss ihren Besitzer nicht lieben, ihm aber in der Not helfen.«

Die Künstler haben das Viertel trocken gewohnt – und es steht zu befürchteten, dass sie irgendwann gehen müssen, wenn die Investoren sich durchsetzen. Und es gibt unter ihnen Leute, die lieber heute als morgen das bunte Volk vertreiben würden und bei Einwohnerversammlungen schon mal mit Bodyguards anrücken. Asta und Andreas sähen es lieber, wenn das große Geld Uzupis in Ruhe lassen würde.

Eine Utopie wird sich Vilnius vielleicht leisten können.

LETTLAND

Erstes Kapitel: Der baltische Weg und das Ende der Sowjetunion

Zweites Kapitel: Riga, du Schöne, und die Renaissance der Holzhäuser

Drittes Kapitel: Die Russen von Riga und das Blind Date auf dem Zentralmarkt

Viertes Kapitel: Keine Angst vor niemandem – zu Besuch bei Vaira Vike-Freiberga

Fünftes Kapitel: Zãnis Lipke – wie ein Hafenarbeiter die Ehre Lettlands rettete

Sechstes Kapitel: Deutsche Spuren – Campenhausen, Wagner, Erhardt

Siebtes Kapitel: Irbene und die Küste im Dornröschenschlaf

Erstes Kapitel

Der Baltische Weg und das Ende der Sowjetunion

Was die Meisten im Westen nicht wissen: Nicht nur in Leipzig gingen die Menschen im Herbst 1989 auf die Straße. Tausend Kilometer weiter östlich in der alten Sowjetunion kam es zur größten Demonstration in der Geschichte der Sowjetunion. Es ging um Freiheit, aber auch um Brot, und die Panzer rollten nicht.

Die Menschenkette war eine Meisterleistung der drei Völker, ein Höhepunkt ihrer Geschichte. Mehr als eine Million Menschen fassten sich ein Herz unten auf der Autobahn. Oben am Himmel flog ein uralter Doppeldecker vom Typ An-2. Zum Glück keine Jets, kein Militär.

Die An-2 hatte zu dem Zeitpunkt schon einige hunderttausend Meilen auf dem Tacho. An-2 ist das Kürzel für einen einmotorigen Doppeldecker der Marke Antonow, erstmals gebaut 1947 mit zwölf Sitzplätzen. An normalen Tagen flog »Anuschka«, wie die Bauern sie liebevoll nannten, über die weiten Felder der Kolchosen, um Dünger zu streuen, bestens geeignet für den Tiefflug bei niedrigem Tempo. Aber dieser 23. August 1989, ein Mittwoch, war kein normaler Tag.

Die beiden Piloten hatten die Felder ausnahmsweise sich selbst überlassen, und der dritte Mann drehte auf eigene Faust. Leonas Glinskis, ein litauischer Querkopf, Hobbyfilmer und Bürgerrechtler, hatte Angst, dass das Staatsfernsehen die Demonstration verschweigen würde. Aus dem Westen hatte er sich eine kleine Videokamera besorgt, die er aus der Luke hielt. Er wurde zum Chronisten der Wiederauferstehung – drei Monate vor dem Mauerfall. Was er filmte, sah von oben auf den ersten Blick aus wie ein Stau und dauerte nur eine Viertelstunde lang.

Die Kette ging durch Estland, Lettland und Litauen, von einer Sowjetrepublik zur anderen. Das eigentliche Wunder war, dass es gelang, die Kette über die ganzen 600 Kilometer zu schließen. Dafür musste sich etwa jeder achte Lette, Litauer und Este auf den Weg machen – eine Million von acht Millionen.

Vergleiche sind immer schwierig. Die Revolution der Ostdeutschen ist unbestritten der Höhepunkt unserer Geschichte des 20. Jahrhunderts. Auf die DDR übertragen, hätten sich knapp zwei Millionen Menschen versammeln müssen. Tatsächlich liegt der Rekord in der DDR bei fünfhunderttausend Menschen – am 4. November 1989 am Alexanderplatz in Ost-Berlin –, und da ging es um Reformen, aber nicht um Revolution.

Bei der Menschenkette fassten sich pünktlich um sieben Uhr abends die Menschen an den Händen. Einige kamen direkt von der Arbeit, mit Schlips und Anzug oder im Kostüm, andere im Kittel oder Blaumann. Jeder kannte seinen Platz. Die Strecke war in Abschnitte eingeteilt nach Kombinaten und Betrieben. In allen drei Republiken gab es einen Masterplan. Orte und Namen und Zahlen, säuberlich mit der Hand geschrieben. Eine Meisterleistung der Organisation und ein Zeichen dafür, wie einig sich Letten, Esten und Litauer waren.

Niemand hatte Zweifel daran, dass es gelingen würde, in den großen Städten die Reihen zu schließen. Aber was war auf dem flachen Land? Auf keinen Fall durfte die Kette unterbrochen werden. Zur Not dehnte man einen Pullover und fasste ihn an beiden Ärmeln an.

Gut möglich, dass die Antonov 2, der röhrende Doppeldecker, an diesem 23. August 1989 bei Kilometerstein 10 hinter Vilnius über Albinas und seine Frau Ina hinweggedonnert ist und kurz vor Riga in Kekava auch über die Köpfe der Familie Kopmanis.

Familie Kopmanis

Wenn man Letten, Esten oder Litauer fragt, was sie am 23. August 1989 gemacht haben, kann das eine heikle Frage sein. Wenn Millionen dabei waren, heißt das auch, dass Millionen zu Hause geblieben sind. Manche gingen lieber Beeren und Pilze pflücken.

Es gehörte auch eine Menge Mut dazu. Moskau sprach von nationalistischer Hysterie, und das Massaker auf dem Platz des Himmlischen Friedens in Peking war gerade erst zehn Wochen her.

Bei der Familie Kopmanis in Riga löste die Frage ein langes Gespräch im Familienrat aus, das am Ende dazu führte, dass Vater Jãnis eines Sonntagmorgens im Jahre 2014 seinen alten Lada anwarf und wir zu einem Sonntagsausflug in die Vergangenheit aufbrachen. Ziel war der Straßenrand zwanzig Kilometer vor Riga, wo drei Generationen der Familie 1989 ihren Platz in der Schlange fanden, da, wo Riga langsam ausläuft und die Dörfer und Wiesen und Wälder beginnen.

Nun hat das Familienoberhaupt Jãnis, ein stattlicher Mann mit klarem Profil und freundlichen blauen Augen, eine kleine Schwäche. Er liebt noch immer seine alten sowjetischen Ladas und hat drei Exemplare davon, die untereinander als Ersatzteillager dienen.

Platz ist genug im Haus im ländlichen Vorort von Riga zwischen den Kiefernbäumen, wo der alte Tischler zusammen mit seiner Frau Valentina lebt. Die Ladas sind so alt wie das Land – also mindestens ein Vierteljahrhundert –, und jeder glatte Start ist ein Glücksmoment. Lada Nr. 2 röhrt kräftig, und dann fährt Jãnis ihn mit Schwung die Garagenausfahrt hoch.

Wir steigen ein, die Türen schließen (alle bis auf eine – die wird mit einem Band fixiert). Die Fahrt beginnt, und Jãnis Kopmanis erzählt, er habe damals keinen Moment gezögert, seine ganze Familie mitzunehmen. Seine Ehefrau Valentina passt wie damals auf die lettische Fahne auf, die aufgerollt auf dem Rücksitz liegt. Tochter Ginta, damals schwanger mit Sohn Jurgis, sitzt neben dem Vater. Nur Jurgis fehlt bei dieser Reise – er arbeitet gerade im Ausland. Als Jüngste fährt auch Enkelin Sabine mit. Sie war damals zwei Jahre alt. Sie musste mit an dem Tag, als das halbe Land auf den Beinen war.

Jãnis Kopmanis' blaue Augen leuchten, er sieht die Bilder von damals vor seinem inneren Auge, und es reißt ihn wieder mit.

»Wir sahen Kolonnen über Kolonnen, Autos und Busse. Viele Menschen waren zu Fuß unterwegs. Sie kamen von überall her, aus den Wäldern, selbst die Nebenstraßen waren voll.«

Jãnis Kopmanis hält in Kekava auf dem Seitensteifen an. Der Verkchr braust vorbei. Einige Autofahrer hupen, als sie sehen, wie sich Familie Kopmanis aufstellt. Jãnis rollt die Fahne auf, Valentina neben ihm hält ein altes Transistorradio im Arm.

Sabine und Ginta tragen lange Röcke und offenes Haar, und Jãnis sagt ganz gelassen: »Ich habe keine Angst gehabt, überhaupt keine. Ich hatte die Einigkeit der drei baltischen Staaten gespürt. Wenn wir schon fünfzig Jahre zusammen überlebt haben unter der Okkupation, unter fremder Macht, da schien jetzt ein kleiner Strahl von Hoffnung, dass es anders werden kann.«

Der Tag des baltischen Weges war nicht zufällig gewählt. An diesem Tag jährte sich zum fünfzigsten Mal der Nichtangriffspakt zwischen Hitler und Stalin. Ein geheimes Zusatzabkommen zwischen den Außenministern Ribbentrop und Molotow ließ Lettland von der Landkarte verschwinden, ebenso wie Estland und Litauen. Sie gehörten fortan zum Einflussbereich Moskaus und wurden 1940 von der Roten Armee besetzt.

Ein einziges Familienfoto existiert noch von jenem heißen Tag im August 1989. Auch darauf trägt der alte Tischler die Fahne, die nach 50 Jahren auf dem Dachboden erstmals wieder in die Öffentlichkeit mitgenommen werden durfte. Valentina hat ein Transistorradio in der Hand. Sie erinnert sich noch daran, wie plötzlich ein ganz anderer Wind wehte. »Die ganze Zeit haben wir Radio gehört. In den Zeitungen stand nicht viel, es war das Radio, das über alles berichtete. Wir haben alle ganz, ganz aufmerksam zugehört und waren voller Begeisterung und Patriotismus.«

Die Sowjetunion war ziemlich am Ende, das merkte man schon am Warenangebot. 44 Jahre nach Kriegsende gab es wieder Rationierungen. Es war nicht leicht, in dieser Zeit Kinder großzuziehen, sagt ihre Tochter Ginta Petra, damals schwanger mit ihrem zweiten Kind Jurgis und der zweijährigen Tochter Sabine an der Hand: »Das war Sowjetunion pur mit allem, was das beinhaltet. Sabine wurde geboren in einer Zeit des Mangels. Die Läden waren leer. Man konnte gar nichts kaufen, weder Schuhe noch Strümpfe, gar nichts für ein Baby.«

Dass Ginta und Sabine, Valentina und Jãnis und die anderen ihren Platz an der Straße fanden, war eine logistische Meisterleistung und Verdienst der 1988 gegründeten sogenannten Volksfront.

Es spricht für eine gewisse Weisheit der noch herrschenden Kommunisten, dass sie der Bürgerbewegung ein Haus überließen, ein vierstöckiges altes Bürgerhaus aus Rigas Glanzzeit, in dem damals ein ständiges Kommen und Gehen herrschte und sich sechs Leute ein Büro teilten. Heute ist es ein Museum, voll mit alten Telefonen, Sekretären, Fahnen, Dokumente und einer Fotogalerie im Treppenhaus mit den Portraits berühmter Kämpfer für die Unabhängigkeit.

Einer von ihnen ist der Physiker Ivars Godmanis, im Land auch bekannt als großer Fan des Rocks und Radio-Moderator. Zehn Jahre lang saß er jeden Sonntag hinter dem Mikrofon. Die Beatles und Stones wussten vielleicht gar nicht, wie viel sie ihren Fans im Osten bedeuteten. Wer Rockmusik hörte, machte sich verdächtig.

»Offiziell wurde in der Sowjetunion alles abgelehnt, was aus dem Westen kam. Die Partei sagte: Heute spielst du Jazz, morgen verrätst du das Vaterland.«

Ein Kahlkopf, agil und angriffslustig und mit einem tragenden Bass gesegnet, mit dem er durchs ganze Haus zu hören ist. Er war einer der Köpfe der lettischen Volksfront, ähnliche Organisationen gab es auch in Litauen und Estland.

Er setzt sich an einen großen Schreibtisch sowjetischer Bauart, rechts die Fahnen der drei baltischen Staaten, hinter sich eine Landkarte in verblasstem Graugrün, und hört nicht so schnell wieder auf. Denn die Zeit, über die er spricht, das merkt man ihm an, war die Beste seines Lebens.

»Die drei großen Oppositionsbewegungen kamen aus einem breiten Spektrum. Es reichte von Kommunisten bis zu absoluten radikalen Antikommunisten. Aber sie hielten zusammen.«

Ivars Godmanis wurde 1990 zum ersten Ministerpräsident gewählt. Er wusste, dass der Kampf um die Unabhängigkeit mit Gewalt nicht zu gewinnen war und der Staatsmacht die Hände gebunden waren. »Wenn Sie als Staatsmacht so viele Leute auf den Straßen haben, versuchen Sie da mal, etwas zu verhindern. Die Leute waren sehr friedlich, sie kamen mit nichts in den Händen – mit Blumen vielleicht. Probieren Sie mal, dagegen etwas zu machen: Das ist auch nicht so einfach. Auf Gewalt kann man mit Gewalt antworten. Aber wenn es friedlich ist? Und das war unsere Politik von Anfang an. Parlamentarischer Weg, friedliche Demonstrationen.« In der Tat: Auf den Fotografien sieht man keine Parolen, sondern nur Menschen Hand in Hand – von Tallinn im Norden bis Vilnius im Süden. Das größte Wunder von allen war diese Friedfertigkeit und politische Klugheit. Gandhi hätte an diesem Tag seine große Freude an den Balten gehabt und sich sehr bestätigt gefühlt. Wo hatten sie das nur gelernt? Die größte Demonstration der Sowjetunion war auch eine der letzten, die dieser Staatenbund erleben sollte. Acht Monate nach der Menschenkette erklärte als erstes baltisches Land Litauen seine Unabhängigkeit. Lettland und Estland folgten.

Als »Baltischer Weg« ist diese Menschenkette in die Geschichte eingegangen, und die entscheidenden Dokumente – Fotos und Lagepläne – gehören seit 2009 zum Weltkulturerbe. Kaum zu glauben, dass man derart viele Leute an Ort und Stelle bringen kann, ohne Internet und Mobiltelefone – und das mit so weitreichenden Folgen. Denn die Menschenkette war der Anfang vom Ende der Sowjetunion.

PS: Nicht alle schafften es an jenem heißen Augusttag zu der ihnen zugedachten Stelle. Die Straßen waren verstopft, und manche Beine wurden müde. Eine alte Dame bei Vilnius, so erzählt man sich, wusste sich zu helfen. Als es so weit war, ging sie in ihren Garten und umarmte ihren Apfelbaum.

Zweites Kapitel

Riga, du Schöne, und die Renaissance der Holzhäuser

»Letten sind die Philosophen unter den Balten«, erklärt Sandra ausländischen Besuchern, die sich über die Stille in einem lettischen Linienbus wundern.

Sandra Leikarte ist eine lettische Journalistin, die es sich zur Lebensaufgabe gemacht hat, Fremden ihr Land zu erklären. Sie war immer schon dabei – von der Zeit als Pionierin in der Lettischen Sowjetrepublik bis zum Barrikaden-Bau in Riga im Januar 1991, als die Sowjetunion noch mal versuchte, die Unabhängigkeit rückgängig zu machen. Sie hat einen klaren Blick auf das, was sie die »guten alten schlechten Zeiten« nennt. Nostalgische Gefühle für die Sowjetzeit sind ihr fremd.

Sandra spricht leise und melodisch, ist dezent gekleidet, hat dunkle Haare und kluge Augen hinter einer Brille. Man könnte sie sich auch als Professorin in einem Internat vorstellen. Sie ist hartnäckig und schlagfertig, wenn auch manchmal nicht auf den ersten Schlag. Sie lebt jenseits der Daugava in einem renovierten Plattenbau und arbeitet im Jugendstilmuseum. Geboren in Riga, ein Lehrerkind, studierte Germanistin. Ihre Mission ist es, Generationen von deutschen Berichterstattern vor Fettnäpfchen zu bewahren. »Nehmt unsere Zurückhaltung nicht persönlich«, ist die erste Lektion für die neuen Kollegen, »Letten genießen das Schweigen und die Distanz.«

In der Tat: Sie fallen auf der Straße dadurch auf, dass sie nicht auffallen. Darin unterscheidet sich Sandra nicht von vielen anderen Letten. So zurückhaltend sie als Person ist, so groß ist ihr Nationalstolz. Sie drängt sich nicht vor, weiß und sieht aber alles. Wenn man sie jedoch »das Gedächtnis Lettlands« nennen würde, fände sie das übertrieben. Sandra mag Holzhäuser, Jugendstil, den Zentralmarkt, guten Kuchen, die lettischen Volkslieder und die lange Küste im Dornröschenschlaf.

Ideen statt Armeen

Es gibt Schätze in Riga, die kann man nicht übersehen.

Etwa die neue Nationalbibliothek an der Daugava, dem Fluss, der durch Riga fließt. Das Gebäude beherrscht die Stadtsilhouette am linken Flussufer und ist gedacht als eine Kreuzung zwischen zwei Mythen, dem gläsernen Berg und dem versunkenen Lichtschloss.

Das Volk der Lieder und Texte schenkte sich – mitten in der Krisenzeit nach 2008 – ein 190-Millionen-Bauwerk, und als es fertig war, bildeten Tausende Menschen eine Kette von der alten Bibliothek zum Neubau und reichten ihre Lieblingsbücher von Handschuh zu Handschuh, bei eisigem Ostwind und minus 17 Grad.

Jeder Bürger konnte sich an dem einzigartigen Büchertransport beteiligen. Als erstes Buch ging ein Erbstück der deutsch-baltischen Familie von der Wenge Lambsdorff von Hand zu Hand. Hagen Graf Lambsdorff, ehemaliger deutscher Botschafter in Riga und Bruder des verstorbenen FDP-Vorsitzenden Otto Graf Lambsdorff (1926-2009), hatte die Bibel aus dem 19. Jahrhundert dem lettischen Volk vermacht.

Da, wo es besonders zog, beim Aufgang zur Brücke über den Fluss, hatte man Soldaten in den eisigen Wind postiert, um die Kette zu schließen. Zwischen alter und neuer Bibliothek liegen nur wenige Kilometer, aber wenn Bibliophile am Werk sind, kann es sich hinziehen, Kälte hin oder her. Die Bände waren eingeschweißt, sie sollten keinen Schaden nehmen. Aber ihre Titel und Klappentexte waren gut lesbar und lösten Menschen die Zunge. Ausrufe der Begeisterung gingen genauso durch die Reihen wie leise Klagen, wenn die Kette wieder stockte, weil irgendein Mensch sein Lieblingsbuch in den Händen hielt und es nicht loslassen konnte vor lauter dankbarer Erinnerung an frühere Lesefreuden. Erinnerung an die noch viel größere Menschenkette der baltischen Geschichte, an den 23. August 1989, wurden wach. Trotz der Kälte sah man überall frohe Gesichter und glänzende Augen. Sandra fing damals ein paar Wortfetzen ein. Ihre Nachbarin, eine junge Frau mit Ohrenschützern und einem Buch von Zenta Maurina, einer lettischen Exil-Schriftstellerin, die sehr fesselnd das Schicksal Lettlands zwischen Freiheit und Unterdrückung im 20. Jahrhundert geschildert hat, sagte, dass Wünsche manchmal in Erfüllung gehen. »Damals, beim Baltischen Weg 1989, haben wir an unseren eigenen Staat gedacht. Das ist in Erfüllung gegangen. Jetzt – vor dieser neuen Bibliothek – hoffen wir auf eine kluge, gebildete Gesellschaft der Zukunft.«

Mit dem Neubau waren allerdings nicht alle einverstanden So patriotisch Sandra meist denkt, verschweigt sie doch auch nicht Spott und Kritik, die Rigas neue Sehenswürdigkeit erntet. »Zu teuer! Reines Prestigeprojekt! Und wenn man an den Modernisierungsbedarf der sonstigen Bibliotheken im Lande denkt: Völlig überdimensioniert!«, fasste die deutsche Fachzeitschrift »Bauwelt« die Kritik zusammen.

Andere sahen in dem Wirken des greisen Architekten Gunnar Birkerts einen Hang zum Pathos, wie er typisch für Auslandsletten sei. Der inzwischen verstorbene US-Amerikaner Gunnar Birkerts hat zwanzig große Bibliotheken in aller Welt gebaut.

Sandra stört etwas anderes. Die Bücherkathedrale mit den fünfzehn Stockwerken ist viel zu klein für alle Bücherschätze Lettlands.

Das wichtigste Exponat der neuen Bibliothek braucht nicht viel Platz.

Der Schatz ist der Schrank, in dem die gesammelte Volksmusik gehütet wird. 300 000 Lieder, die sogenannten Dainas. Er ist das berühmteste Möbelstück Lettlands und enthält das Kulturgut der einfachen Leute, gesammelt vor etwa 150 Jahren von einem frühen lettischen Patrioten namens Krisjanis Barons, nach dem heute eine der wichtigsten Straßen Rigas benannt ist. Der Mann hatte es mit der Musik und mit der Ordnung. In Zahlen ausgedrückt sind es 268 815 Volkslieder, alle fein säuberlich geordnet nach Zeit und Ort.

Der Schrank ist von einem deutschen Handwerker erbaut worden und nur 160 cm hoch, 66 cm breit und 42 cm tief.

Auf der Vorderseite sind 70 Schubladen. In diesen verstaute Krisjanis Barons besagte 268 815 Zettel, die drei auf elf Zentimeter groß sind.

Für Nicht-Letten ist manchmal schwer zu verstehen, mit welcher Ehrfurcht von diesen Vierzeilern gesprochen wird. Es hilft, sich vorzustellen, dass Letten in ihrer langen Geschichte nur ein paar Jahrzehnte einen eigenen Staat hatten. Es fehlen die großen Feldherren und Baudenkmäler. Die territoriale Unabhängigkeit hing immer vom guten Willen der großen Nachbarn ab. Häufig regiert dort aber die Willkür oder die Lust an der Unterwerfung.

Ohne Lieder und Texte gäbe es für Letten keinen Ort in der Welt.

Streicht sie an!

Mitten in Riga stehen viele tausend grau gewordene Häuser. Allmählich werden sie wieder sichtbar: in maisgelb, ochsenblutrot und hellblau. Auf dem Weg vom Flughafen, dort, wo sich Riga als Stadt seinen Besuchern präsentiert, standen sechs besonders heruntergekommene Exemplare aus Holz, deren geschwärzte Fassaden noch stumpfer wirkten, weil die neuen Besitzer, die Gebrüder Damberg, einen knallroten Lada davor gestellt hatten. »Oh, guck mal, wie schön«, pflegte Sandra zu sagen. Der Anblick dieser Holzhäuser hatte etwas in ihr ausgelöst, was sich mir nicht erschloss. Eine Art Urstolz.

Sie kurbelte das Fenster herunter, konnte sich nicht sattsehen. Sie sah, was ich noch nicht sehen konnte. Denn die sechs Häuser und der Lada wurden ein Wendepunkt, spätestens als die Präsidentin des Landes 2006 auf dem Weg zum Flughafen an diesem Ensemble vorbeikam und sagte: »Streicht sie an!« Jetzt sind diese sechs Häuser ein Ort guter Küche, am Wochenende ist Markt, und im Sommer wird konzertiert.

Zaiga Gailes große Liebe

Morgens, noch halb in der Dämmerung, steigt sie in den großen Strom, der Riga in zwei Hälften teilt. Zaiga Gaile ist Lettlands bekannteste Architektin, Mitte sechzig.

Die Haare trägt sie kurz und aus der Stirn geschnitten, sie hat ein markantes Gesicht und sehr intensive blaue Augen.

Seit zwanzig Jahren wohnt sie auf Kipsala, der Fischerinsel im Fluss Daugava. Jeden Morgen von Frühjahr bis Herbst geht sie schwimmen. Auf Kipsala stehen die schönsten der 4000 Holzhäuser von Riga. Das ist auch ihr Verdienst.

Zaiga Gaile hat es nicht weit, nur ein paar Schritte von ihrem Holzhaus über das Kopfsteinpflaster runter zum Steg. Sie zögert nicht lange, taucht in die grauen Fluten, schwimmt ein paar Minuten. Der Fluss riecht gut, es gibt keine toten Fische und keine verdächtigen Schaumkronen. 300 Meter flussabwärts ist die Gipsfabrik stillgelegt, seither lebt der Fluss auf. Es gibt wieder reichlich Fisch, und man kann schwimmen, ohne sich zu vergiften. Es gab Zeiten, da ging aller Unrat in die Daugava, auch die Abwässer von Kipsala. Die einzigen Lebewesen im Fluss waren vereinzelte unverdrossene Schwimmer. Diese Gleichgültigkeit war keine Spezialität der Sowjetischen Ökonomie. Auch die Elbe in Ost und West und der Rhein konnten ein Lied davon singen, wie es ist, Müllkippe zu sein. Als der damalige Bundesumweltminister Klaus Töpfer 1988 nach einer verlorenen Wette durch den Rhein schwamm, erntete er landauf und landab Kopfschütteln.

Nach dem Morgenbad fährt sie mit dem Fahrrad auf die andere Flussseite ins Zentrum. Sie hat ihr Büro im Bergs Bazaar, einem Schmuckstück in der an Baudenkmälern sehr reich gesegneten Innenstadt Rigas – ein Gewerbehof mit teuren Boutiquen und einer kleinen Schokoladen-Fabrik im Schaufenster. Überflüssig zu sagen, dass ihr Büro unterm Dach aus Holz ist, das so restauriert ist, dass man an einigen Stellen das rohe Holz sieht. Bei Eis und Schnee schiebt sie das Rad vor sich her. Sie hat Angst vor Autos, sonst ist sie eine furchtlose Frau. Das Baden ist ein Statement, die Holzhäuser auch.

Als ein Bauunternehmer an die Stelle eines alten Herrenhauses von 1780 in der Innenstadt von Riga einen fünfstöckigen Neubau mit Tiefgarage bauen wollte, zog sie alle Register, um das Ensemble zu retten. Sie wusste, wie sie den Bauunternehmer treffen konnte. Sie drohte ihm die Scheidung an, so erzählt man sich in Riga.

Mit dem Bauunternehmer ist sie seit Jahrzehnten verheiratet.

Energisch sind sie beide – und immer voller Pläne, wie sie da in ihrer Küche in Kipsala stehen und Folianten aus dem Bücherregal ziehen und Baupläne auf dem Tisch ausbreiten. Aber sie wirkt ruhiger, ihn hält es kaum auf dem Stuhl. Der Ehemann von Frau Gaile heißt mit Nachnamen Gailis, so sind die Geschlechter sprachlich getrennt. -e für die Frau und -is für den Mann. Maris ist ein drahtiger Mann mittlerer Größe, ein Baulöwe ohne dessen Habitus. Gailis bedeutet auf Lettisch der Hahn. In den wilden Anfangsjahren Lettlands – als Banken pleitegingen, nachdem sie bis zu siebzig Prozent Zinsen versprochen hatten –, war er anderthalb Jahre lang Regierungschef. 2011 hat er die Welt auf einem 20 Meter langen Stahlschiff umsegelt. Er trägt einen Anzug aus feinem braunen Tuch mit Stehkragen im Mao-Look und einen Knopf im linken Ohr, dem Erkennungsmerkmal der Kap Hoorniers.

Szenen einer Ehe

Wenn man den beiden länger zuhört, hat man den Eindruck, dass sich hier Kapital und Tradition seit Jahrzehnten streiten. Aber so einfach ist es vielleicht dann doch nicht. Maris will beides: Gute Geschäfte machen und gleichzeitig das Schöne schützen, auch da, wo es sich nicht gleich rechnet. Zaiga, seine Frau, würde die Prioritäten wohl andersherum beschreiben. Erst schützen, und dann sehen, woher das Geld kommt. Sie ist Spezialistin für hoffnungslose Fälle.

Vor zwanzig Jahren schipperten die beiden auf der Daugava und legten bei der Flussinsel Kipsala an. Damals war das eine vergessene Ecke, ein Refugium der Ärmsten, ein unterentwickeltes Gebiet, frei von jeder Romantik. Auch in der klassenlosen Gesellschaft gab es die, die ganz unten standen. Gelegenheitsarbeiter, politisch Unzuverlässige, vergessene Existenzen.

Holzhäuser galten als muffig, als unmodern, als unbequem.

Die Fenster vernagelt, die Farbe abgeblättert, es gab kein warmes Wasser. Zaiga zeigt auf das Nachbarhaus, in dem heute ihre Tochter wohnt: »Damals, vor zwanzig Jahren, lebte dort eine alte Dame. Wir wurden ein bisschen besser bekannt, eines Tages fragte ich sie, wo die Toilette sei, und sie wies auf den Garten«, sagt Zaiga und schüttelt den Kopf.

Zaiga und Maris aber hatten die Schönheit und die Spitzenlage erkannt, wo andere nur das Elend sahen, so tief saß den meisten noch die Erinnerung an die verhasste Sowjetenge in den Knochen – und die Kommunalkas, die ehemaligen bürgerlichen Wohnungen, in denen nach der Revolution vier Familien wohnten und sich eine Küche und ein Klo teilten.

»Alle Letten über dreißig kennen diesen Videoclip«, sagt Zaiga. Er heißt »Kommunalka Blues«. Wer diese fünf Minuten anschaut, ahnt, wie es zuging in diesen Wohnungen.

Immer saß schon einer auf dem Klo, wenn man es eilig hatte. In der Enge blieb nichts verborgen, man wusste mehr voneinander, als man wissen wollte. Es gab Streit, der aus dem entstand, was Städteplaner heute den »Dichte-Stress« nennen.

Wenn man sich manchmal fragt, warum ehemalige Sowjetbürger, die zu Geld gekommen sind, sich 200 Meter lange Schiffe bauen oder Feriendomizile für 100 Millionen Euro, dann liegt hier vielleicht eine Erklärung. Selbst der russische Dauerpräsident Putin ist in einer Kommunalka in St. Petersburg aufgewachsen.

Armut rettet vor Abriss

»Als Schweden, Deutschland und andere Länder in den sechziger Jahren begannen, die Holzhäuser aus den Stadtzentren zu entfernen, passierte das in Lettland nicht«, erklärt Maris, der nun doch am Tisch Platz genommen hat, während hinten in der Küche der fünfjährige Enkel eine eben entdeckte Schachtel mit Pralinen auspackt. »Das macht Riga so einzigartig. Der Sowjetunion fehlten die Mittel, die Neubauten wurden in den Vorstädten errichtet, und die Leute lebten weiter so wie bisher.«

Aber viele Holzhäuser rotteten vor sich hin. Zaiga Gaile ist als junge Architektin durch ihr Land gereist und hat sich gefragt, warum die alten Gutshäuser leer standen und fast alle Letten in Wohnblocks mit vier oder fünf Stockwerken gestapelt wurden, obwohl auf dem Land Platz genug war.

Wie konnte man die Schönheit, den einzigartigen Riss eines klassizistischen Holzhauses mit zwei Seitenflügeln übersehen, fragt sie, und in ihren Augen liest man noch immer das Erstaunen über so viel Barbarei.

Nach der Unabhängigkeit fielen die Häuser zurück an die Besitzer, und viele versuchten, sie zu Geld zu machen. Es gab jede Menge »warmen Abriss«, also Brandstiftung, auch und gerade in Kipsala, das sich im Laufe der Zeit vom Arme-Leute-Viertel in die begehrteste Wohnlage von Riga verwandelt hat. Maris erinnert sich noch gut an den Tag, an dem die Feuerwehr nicht durchkam.

»Neben der Gipsfabrik standen eine Menge kleiner Holzhäuser. Am helllichten Tag gingen sie in Flammen auf.«

Es sollte eine Weile dauern, bis Leute wie Zaiga Gaile ihre Landsleute davon überzeugen konnten, die alten Häuser neu zu nutzen. In den ersten Jahren nach der Unabhängigkeit brach ein Baumarkt-Fieber aus. Alte Fenster flogen auf den Müll, Kunststoffrahmen traten an ihre Stelle. Holzwände wurden verkleistert und Tonnen von Farbe appliziert. Es war die Zeit von Metall-Außentüren und Decken aus Gipskarton. Das hieß »Eiro-remonts« – Renovierung auf europäisch. So konnte man die Wohnungen teurer verkaufen. Mittlerweile ist »Eiro-remonts« fast zum Schimpfwort geworden. Es steht für schlechten Geschmack und Mangel an Stil.

Was den Sowjets nicht gelungen war, schaffte die entfesselte Marktwirtschaft: das alte Riga zu zerstören. Und auch wenn Zaiga Gaile dem Kollektivismus der Sowjetzeit keine Träne hinterherweint, hatte sie sich doch in ihrer Heimatstadt Riga eingerichtet.

»Damals war Riga grau. Aber Riga war schön. Und heute kommt mir die angemalte Altstadt, die uns weggenommen und den Touristen gegeben wurde, wie Disneyland vor.«

Das ist er wieder, der alte kämpferische Ton, bei dem der Ehemann und Baulöwe Maris leicht das Gesicht verzieht. Wie der Ehestreit ausging?

Die Denkmalschutzbehörde erlaubte eine einzigartige Transaktion. Das klassizistische Gutshaus wurde in der Innenstadt abgebaut und Balken für Balken nummeriert – und auf der Flussinsel Kipsala, ein paar Hausnummern neben dem Haus von Zaiga und Maris auf einem leer stehenden Grundstück Stück für Stück wiederaufgebaut. Dem österreichischen Botschafter diente es eine Weile als Residenz.

Es spricht für einen guten Kompromiss, dass beide ein bisschen unzufrieden sind.

Er fand die Kosten für den Umzug zu hoch.

Sie findet den Neubau im Zentrum – ein fünfstöckiges Geschäftshaus – nichtssagend.

Drittes Kapitel

Die Russen von Riga und das Blind Date auf dem Zentralmarkt

Ginta Petra macht immer wieder die Probe aufs Exempel. Ein Großteil der Rigaer Taxis wird von Russen gefahren.

»Steig ich ein und sage auf Lettisch ›Zum Flughafen!‹, passiert es immer noch, dass die Taxis erst in die falsche Richtung losfahren und einen Umweg machen.« Nun kennt Ginta jeden Meter in Riga. Sie stammt aus der Familie Kopmanis (nachzulesen im ersten Kapitel), hat die Sowjets mit aus dem Land gesungen, spricht vier Sprachen und hat die blauen Augen des Vaters und die Eleganz der Mutter geerbt.

Ein deutscher Bekannter, der seit einem Jahr im Land ist und passabel Lettisch spricht, sagt, darauf angesprochen, dass ihm das nie passiere.

Um Sprache wird gekämpft. Mal verbissen, mal tapfer. Alles hängt daran. Wer Lette werden will, muss einen Sprachtest bestehen, sich in lettischer Geschichte auskennen und sich zur Nationalhymne bekennen.

Russen in Riga

Riga ist nicht nur die größte Stadt im Baltikum, sondern auch die einzige Stadt in der Europäischen Union mit einer russischen Mehrheit.

Es gibt kulturell gesehen zwei Rigas: Das der Russen und das der Letten, mit jeweils etwa 350 000 Menschen. In der Zeit der Besatzung gaben die Russen den Ton an. Sie kamen unter Stalin und seinen Nachfolgern als Industriearbeiter ins Land und bezogen eigene Quartiere in Neubauvierteln.

Nichts lag ihnen ferner, als Lettisch zu lernen. Die Bibeln und Gesangsbücher der Letten – und vor allem die Fahnen – mussten für Jahrzehnte auf den Dachboden verschwinden. Lettisch, das war die Sprache der Ureinwohner und zählte nicht.

Wenig verwunderlich gab es nach der Unabhängigkeit Versuche lettischer Nationalisten, den Spieß umzudrehen. Waren die Letten im Riesenreich der Sowjetunion nur eines unter vielen Völkern gewesen, so bestimmten sie nun im eigenen Land. 60 Prozent Letten standen 40 Prozent Russen gegenüber. Für viele Russen hieß es umlernen, mental und rein praktisch. Den Älteren fiel das sehr schwer, war ihnen doch eingetrichtert worden, dass Lettisch eine »Hundesprache« sei.

Der Eifer der lettischen Patrioten ging sehr weit. Endlich Herrscher im eigenen Haus, wollten sie das auch bleiben. Also bekamen nur die wenigen Alt-Russen (die schon vor 1940, in der ersten lettischen Republik, hier gewohnt hatten) automatisch die Staatsbürgerschaft. Alle anderen Russen mussten sich um die Einbürgerung bewerben, nicht nur die sogenannten »Okkupanten«, sondern auch deren in Lettland geborene Kinder, und die Zahl der Einbürgerungen pro Jahr wurde anfangs limitiert.

Mehrheit ist Mehrheit: Lettisch wurde Staatssprache – und zwar die einzige. Darüber gab es auch eine Volksabstimmung 2012 mit Dreiviertelmehrheit. Aber zum »Volk« gehörten nur die mit lettischem Pass – und der war wiederum an einen bestandenen Sprachtest gekoppelt. Die Europäische Union passte auf, dass die Hürden nicht zu hoch waren.

Die Sprachschützer hatten ein schlagendes Argument auf ihrer Seite. Lettisch muss gepflegt und geschützt werden, weil Lettland der einzige Ort auf der Erdkugel ist, wo diese kleine und sehr alte Sprache gepflegt und gesprochen wird. Russisch wird von 100 bis 200 Millionen Menschen gesprochen, diese Sprache wird nicht aussterben, argumentieren sie.

Es stand den Russen in Lettland frei zu gehen, aber nur wenige verließen das Land in Richtung Russland. Sie blieben, weil Lettland für sie das kleinere Übel war, wenn auch nicht unbedingt Heimat.

Die meisten sind inzwischen eingebürgert. Aber es gibt noch gut zehn Prozent der Bevölkerung mit der vielsagenden Bezeichnung »Nichtbürger«, sogenannte Nepilsoni. Das sind nach lettischem Recht Menschen mit dauerhaftem Aufenthaltsrecht in Lettland, die weder die lettische noch eine andere Staatsbürgerschaft besitzen. Die meisten von ihnen sind ethnische Russen der älteren Generation.

Deren Schicksal ist allerdings nicht so dramatisch, wie es sich auf den ersten Blick anhört: Die Nichtbürger können mit ihren grauen Pässen visumfrei bis Lissabon und bis nach Wladiwostok reisen und sind damit besser gestellt als Letten mit Pass. Aber es gibt auch ein paar Dutzend Einschränkungen. So können sie in der EU nicht legal arbeiten, und es fehlt ihnen an politischer Mitsprache, sie dürfen weder wählen noch gewählt werden.

Blind Date im Zentralmarkt

Es gibt einen Ort in der Stadt, an dem sich auch die begegnen, die sich sonst aus dem Weg gehen. Hier im Herzen von Riga liegt der Zentralmarkt, der größte Nordeuropas. Er stammt aus der Ära der Luftschiffe, den sogenannten Zeppelins, den Vorläufern der heutigen Jumbojets, Gebilden aus Holz und Aluminium, Stoff und Gas. Nach dem Ende des Ersten Weltkriegs blieben im nahen Ostpreußen riesige Zeppelin-Hallen stehen. Die Luftschiffe selber waren in Flammen aufgegangen oder abgestürzt, der Krieg war vorbei. Aber die Hallen waren intakt. Zerlegt schaffte man sie nach Riga und baute sie an der Düna wieder auf, zwischen der Moskauer Vorstadt und der Innenstadt.

Eine der fünf Hallen ist den Fischverkäufern vorbehalten. In den Auslagen liegen lettische Neunaugen einträchtig neben geräucherten Karpfen und russischem Kaviar. Mara

Upmane Holsteine flaniert von einem Stand zum anderen, langsam füllt sich ihr Einkaufskorb. Doch dann ist ihr irgendetwas in den falschen Hals geraten. Beim Heringsstand dreht sie sich abrupt um und geht weiter zur nächsten Marktfrau, leise schimpfend. Mara ist eine schlanke dunkelblonde Frau, mit einem kecken Blick aus graublauen Augen, einer tragenden Altstimme und einem schwarzen Schlapphut als Markenzeichen. Mit ihrem Kauf geht sie weiter in ein kleines Restaurant mit dem eingängigen Namen »Dill und Hering« am Ende der Halle. Dort ist ein Tisch reserviert.

Aleksej Zarkov steuert direkt den Treffpunkt an. Seine Kamera hat er über die Schulter gehängt. Er ist ein schlaksiger junger Mann mit dunklen Haaren, langen Wimpern und sehr ebenmäßigen Zähnen. Eine Lehre als Bauarbeiter hat er mit Bestnote abgeschlossen, jetzt ist er an der Universität im Fach Tourismus eingeschrieben, die Fotografie ist seine Leidenschaft.

Beide wohnen im Russenviertel, aber ihre Wege kreuzen sich normalerweise nicht.

Mara ist überzeugte Lettin. Aleksej ist lettischer Staatsbürger, seine Muttersprache aber ist Russisch. Ein Euro-Russe also. Er schätzt die Naturverbundenheit der Letten: »Aber ich komme aus der großen russischen Kultur, wie sollte ich das verleugnen? «

Es ist ein Blind Date – junge Lettin trifft jungen Russen. Sie sehen einander zum ersten Mal. Meine lettische Kollegin Sandra hat das eingefädelt. Ihr Land steht oft in der Kritik.

Ältere Russen klagen, sie würden wie Bürger zweiter Klasse behandelt. Aber gilt das auch für junge Leute? In welcher Sprache werden sie sich wohl unterhalten?

Die beiden sitzen sich gegenüber und nach kurzer Verlegenheit ist ein Gespräch in Gang gekommen.

»Wir sprechen Lettisch«, sagt Mara, die ein bisschen aufgeregt wirkt. »Ich habe die Initiative ergriffen, und dann war Aleksej so höflich, dabei zu bleiben.«

Für Aleksej, ganz Gentleman, ist das eine reine Selbstverständlichkeit. »Wir jungen Russen aus Riga können drei, vier Sprachen. Das ist ganz normal«.

Die beiden wohnen im gleichen Viertel, aber in unterschiedlichen Welten. Aleksej hat keine lettischen Freunde und Mara keine russischen Freunde. Noch nicht.

Seine Mutter spricht auch Lettisch – sie arbeitet im Staatsdienst. Der Vater hat es nie richtig gelernt. In der älteren Generation ist das verbreitet. Das hat Mara gerade eben am Fischstand erlebt und empfindet es als »russische Dominanz«: »Wenn ich in einen Laden gehe und will auf Lettisch einkaufen und werde gezwungen, Russisch zu sprechen, dann ärgert mich das.«

Was ist nun typisch lettisch und was ist typisch russisch?

Mara legt den Kopf schräg und sagt: »Meine dreijährige Tochter wird im Kindergarten von Russen-Kindern mit ihrer größeren Impulsivität einfach überrannt.«

Aleksej gibt ihr Recht: »Wir sind schnell mit Gefühlen, auch großen Gefühlen.« Dann grinst er: »Aber das legt sich dann auch wieder.«

Und was ist dann lettisch? »Abwarten, kommen lassen, die Natur lieben.«

So wie die beiden vor mir sitzen, kann ich mir ein Grinsen nicht verkneifen.

So wie Mara mit den Händen ihre Worte unterstreicht, könnte sie gut die Russin abgeben. Der beobachtende amüsierte Aleksej könnte mühelos als zurückhaltender Lette durchgehen.

Wenn man denn Klischees mag.

Die Moskauer Vorstadt

Die beiden nehmen mich mit in ihr Viertel. Mara muss die Kinder vom Kindergarten abholen. Aleksej nutzt das Licht für ein paar Fotos. Er will ein digitales Fotobuch über die Moskauer Vorstadt herausgeben und die Bilder mit Musik unterlegen.

Die Moskauer Vorstadt beginnt hinter den Zentralmarkt. Es gibt nicht viele Spaziergänger, die sich hierhin verirren. Alte Holzhäuser, die »romantisch sind, bis man merkt, dass es überall zieht und das Klo auf der Treppe ist«, kommentiert Mara im Vorübergehen. Das alte jüdische Viertel bewohnen heute Russen, Polen und Roma, es heißt im Volksmund »*Maskačka*«, die Moskauer Vorstadt. Es gibt dort auch eine Moskauer Straße, die tatsächlich nach Moskau führt, in ziemlich genau 912 Kilometern. So weit reicht auch Putins Arm, sagen manche Letten.

Wer als Lette oder Lettin in die »*Maskačka*« zieht, erntet von seinen Landsleuten eher ein Kopfschütteln. Russen, die dort wohnen, müssen damit leben, dass die Adresse nicht automatisch eine Empfehlung auf dem Arbeitsmarkt ist.

Wer dort wohnt, braucht nicht unbedingt auch noch einen Abenteuer-Urlaub zu buchen. Genau das – das Sperrige, Halbverfallene und das Raue – hat Mara dorthin gezogen.

Mara ist schon ein paarmal überfallen worden, in letzter Zeit aber selten.

»Es bewegt sich was, es wächst, es wird besser.« Sie ist vor zwölf Jahren in das Viertel gezogen. Ihre beiden Kinder hat sie hier geboren. Sie ist als Sängerin in Lettland bekannt bei allen, die sich für Indie Pop interessieren. Eines der Lieder ihrer Band Astronaut handelt von der Moskauer Vorstadt als »Teil von Riga« und ist so populär, dass auch Aleksej es singen kann: »Es tut mir weh, dass ihr schlecht über die Maskačka sprecht«, heißt es darin.

Während Mara die Moskauer Vorstadt in ihren Liedern besingt, sucht Aleksej sie in Bilder zu fassen und klettert dafür in jeden Winkel des Ortes, in dem er geboren ist. Orthodoxe goldene Kirchenkuppeln, Baulücken und Trümmergrundstücke, dahinter fünfstöckige Plattenbauten, im Volksmund genannt »Chruschtschowka«, aus den 1960er und 1970er Jahren, die so lange vernachlässigt und anonym aussehen, solange man nicht in ihnen geboren ist.

Wenn man mit Mara und Kinderwagen durch die »Maskačka« zieht, sieht man, wie die arme Vorstadt für den wohlhabenden Teil der Stadt sorgt. An jeder zweiten Ecke steht ein

Drogendealer. Moderne Mittelklasse-Autos parken für kurze Zeit am Straßenrand, Geldscheine und Umschläge wechseln die Besitzer, wobei der Handel diskret und mit Rücken zum Beobachter abläuft. Jede Stadt hat ihre dunkle Ecke. Das Verbotene gehört dazu.

Was diesen Stadtteil von anderen Vierteln Rigas unterscheidet, sind die Satellitenschüsseln, die gen Moskau ausgerichtet sind. Eine Welt für sich, wo das Programm aus Russland den ganzen Tag läuft und kaum einer Lettisch spricht.

Ohne Lettisch kein Stimmrecht, kein Pass, kein Job im Öffentlichen Dienst. Lettland ist da sehr konsequent. So hat Riga mit Nils Usakovs einen russischstämmigen Bürgermeister, der zwischen den beiden großen Gruppen beruflich und privat balanciert. Er ist mit einer Lettin verheiratet. Da seine Eltern sich nicht haben einbürgern lassen, haben sie kein Wahlrecht und konnten ihren eigenen Sohn nicht wählen. Wenn der Bürgermeister vor lauter Russen eine Rede hält – etwa jährlich am »Tag der Befreiung« am 9. Mai –, müsste er das streng genommen auf Lettisch tun. Tut er das nicht, droht ihm ein Bußgeld von 250 Euro. Darüber wachen Sprachinspektoren, die auch kontrollieren, ob Ladenmädchen einwandfrei Lettisch sprechen oder nur so tun als ob.

Mit dieser strikten Politik hat die lettische Regierung erreicht, dass junge Russen wie Aleksej selbstverständlich zweisprachig aufwachsen und auch spürbar eine Art doppelte Loyalität empfinden – für die Heimat ihrer Eltern und für das Land, in dem sie leben.

Auf dem Arbeitsmarkt landen sie oft weicher als junge

Letten, weil die oft nicht so gut Russisch können, hat Sandra beobachtet. Es ist gar nicht so leicht, eine kleine Sprache zu pflegen, ohne sich dabei ins Abseits zu stellen.

Paradebeispiel ist das Staatsfernsehen. Dort gab es lange keine Nachrichten auf Russisch. Die Gruppe der Älteren, die sich ohnehin abgehängt fühlte, fand auch im lettischen Fernsehen keine Heimat.

Kampf um die Köpfe

Auf der Hasen-Insel in der Daugava steht ein futuristisches Gebäude im späten Sowjetstil und sendet in die Haushalte Lettlands, jedenfalls in die größere Hälfte der Haushalte. Doch irgendwann war es Zeit, auch an die andere kleinere Hälfte zu denken.

Dafür steht eine ungewöhnlich offene und selbstkritische junge Nachrichtenfrau, Jekatarina Safranova. Sie ist 1983 in Riga als Tochter russischer Einwanderer geboren. Sich selbst bezeichnet sie als »russische Lettländerin«.

Die Sendung läuft gerade. Viel Technik, modernes Layout, und als eigentliche Neuerung die Sprache Russisch. Der Kanal heißt LTV 7 und sendet vor allem Sport. Das Rotlicht geht an. So lange die Sendung läuft, heißt es still sein im Studio.

Kurz vor der Sendung dreht sich der Moderator blitzschnell nach links und nach rechts mit den Händen auf der Hüfte, um sich warm zu laufen. Dann kommen Berichte aus Riga, ein bisschen Wirtschaft, das Wetter. Normalerweise eine sichere Bank für Programmmacher mit garantiert hohen Einschaltquoten.

Für gewöhnlich loben Redaktionsleiter ihre Produkte und stellen den Erfolg heraus. Nicht so hier. Safranova macht keinen Hehl daraus, dass ihre Sendung mehr Publikum hätte, wenn man nicht so viel Zeit verloren hätte. Erst seit der Krimkrise 2014 sendet der Staatssender Nachrichten auf Russisch. Ob viele Russen in Lettland zuschauen? Jekatarina Safranova hat da ihre Zweifel:

»Da man 25 Jahre lang darauf gewartet hat, den Russen in Lettland ein eigenes Fernsehen zu bieten, fällt die Kommunikation mit dieser Zielgruppe nicht leicht. Die Zuschauer haben eine gewisse Reserviertheit gegenüber unseren Informationen.«

Und das, obwohl die Sendung etwas zu bieten hat, was das russische Fernsehen nicht hat. »Von den TV-Sendern Russlands werden unsere Zuschauer nie erfahren, was in Lettland los ist.«

Start der Nachrichten auf Russisch war 2014, auf dem Höhepunkt der Krim-Krise. Auf einmal wurden die Russen in Lettland politisch wichtig. Offenbar merkten die russischen Zuschauer die Absicht und reagierten verstimmt. »Sie sahen unsere Nachrichten von Anfang an als eine Art Antipropaganda. Es wird noch lange dauern, bis wir unsere Zuschauer wirklich erreichen.«

Exil in Riga

Riga ist auch Zufluchtsort für eine wachsende Zahl von Russen beiderlei Geschlechts. Fast 20 000 Einwanderer zählt die amtliche Statistik seit 2014.

Nicht alle haben Russland den Rücken gekehrt, weil sie mit Putins »gelenkter« Demokratie hadern. Für die zwanzig Journalisten von Russlands erfolgreichstem Internetportal »lenta.ru« trifft es aber zu. Sie waren unter den Ersten, denen der Boden nach der Annexion der Krim in Russland zu heiß wurde. Ihrer Chefredakteurin Galina Timchenko hatte man 2014 den Stuhl vor die Tür gesetzt. Eine weitläufige Altbauwohnung in einem Patrizierhaus in Rigas Jugendstilviertel ist der neue Redaktionssitz. Eine Zimmerflucht mit Holzfußboden, surrenden Servern, eiligen Menschen und dennoch annehmbarem Kaffee. Die Intelligenzija ist gleich familienweise ausgereist. Drei Buggys und zwei Kinderfahrräder stapeln sich in der Garderobe.

Es war ein zähes Unterfangen, den Chefredakteur Iwan Kolpakow zum Gespräch zu bewegen. Im Exil sind die Antennen besonders ausgefahren, und die Vorsicht ist groß. So gab es Auflagen: Die Lage der Russen in Lettland sei ein Thema, zu dem er sich nicht äußere, wie überhaupt zur Innenpolitik des Gastlandes.

Das neue Portal Meduza ist ein Korrektiv, weil es dank eines weitverzweigten Informanten-Netzes jeden Tag Russland unter die Lupe nimmt und weltweit kostenlos im Netz zu lesen ist. Wer das Internetportal finanziert, das ohne Werbung auskommt, ist unklar. Aber es gibt genügend Leute, die wissen wollen, was in Russland wirklich los ist. »The real Russia« – wie Meduza als Unterzeile verspricht.

Mit wem man im Büro von Meduza auch spricht, ob mit der Redakteurin Olga Kuzmenkova oder mit dem Chef Iwan Kolpakow, sie bauen ihre Hoffnung auf die Zeit nach Putin und auf junge Menschen, die es gewöhnt sind, sich im Internet selbst mit Nachrichten zu versorgen.

»Die junge Generation in Russland guckt kein Fernsehen. Die Propaganda erreicht sie nicht mehr. Das macht die Leute um Putin nervös. Ihr Fernsehen erreicht nicht diesen wichtigen, großen und aktiven Teil der Bevölkerung«, sagt Iwan Kolpakow, ein athletischer Mann Mitte dreißig mit kahl geschorenen Kopf, federndem Gang und volltönender Stimme. Er wirkt alles andere als verängstigt oder verzweifelt. In Riga könne man die Arbeit unabhängig fortsetzen. Berlin habe auch zur Diskussion gestanden, vielleicht wäre der Standort journalistisch noch besser gewesen. Aber Riga habe es ihnen leicht gemacht zu kommen, und in einer Stadt mit so vielen Russen bekäme er auch nicht so schnell Heimweh.

»Was macht man gegen Propaganda-Schlagzeilen wie: ›Lettland vor dem Untergang‹? Oder gegen Fake News wie ›Bundeswehrsoldat in Uniform vergewaltigt litauisches Mädchen‹?«

Iwan lehnt sich zurück auf seinem Stuhl. »Ehrlich gesagt ist Russland besser gerüstet als Europa oder die USA in Sachen Propaganda. Das ist hart, aber wahr.« Es sei zwecklos, da mithalten zu wollen.

»Was wir aber besser können, ist richtiger Journalismus. Wir müssen mit Aufklärung dagegenhalten, nicht mit eigener Propaganda.«

Riga liegt zwischen Russland und Europa. Von hier lässt sich in beide Richtungen wirken.

Die zweite Moskauer Vorstadt

Mitten in den Kiefernwäldern liegt ein dreistöckiger Palast mit großen Scheiben in Stahlbeton-Bauweise und Flachdach, umgeben von einem hohen Zaun. Die Adresse ist Zigfrida Meirovica prospekts 31 in Jurmala, dem Badevorort von Riga. Zur Ostsee hat man es nicht weit. Das hat einem früheren Bewohner, dem Genossen Alexej, besonders gut gefallen. Der Genosse hieß mit Nachnamen Kossygin. Er war, so erzählt man sich, ein einfacher Mensch gewesen, er wollte die Villa an diesem Ort, damit er bequem am Strand laufen konnte. Alexej Kossygin war damals Vorsitzender des Ministerrates der UdSSR und verbrachte seine Sommerferien ab 1973 in Jurmala.

Das Gebäude wurde 1993 zur Residenz der lettischen Präsidenten. Im Wohnzimmer empfing die langjährige Staatschefin Vaira Vike-Freiberga ausgesuchte Gäste.

Der SPIEGEL erinnert daran, wie sie auf dem Sofa sitzend über die »Sowjetische Herrenrasse« schimpfte, flankiert von einer Burmakatze und einem schwarz-weißen Fellknäuel, das auf den Namen Fumi hört.

Ein paar Dutzend Schritte durch den Kiefernwald und man ist an einem dreißig Kilometer langen Strand aus jenem feinen quarzigen Sand, der auch die Kurische Nehrung bedeckt. Er quietscht, wenn man darauf geht.

Jurmala ist der Strand von Riga – und mit Abstrichen auch der Badestrand von Moskau.

Dreißig Kilometer lang reihen sich Holzvillen aus zaristischer Zeit an Sanatorien und Prunkbauten der neuen Reichen.

Wenn man im Sommer auf der Promenade von Majori Gespräche der Sommergäste auffängt, so ist die Umgangssprache Russisch.

Es gibt georgische Restaurants an der Bahnstation und russische Stars im Kurhaus.

Der Legende nach gibt es reiche Moskauer, die zum Luftschnuppern am Abend nach Riga fliegen und am nächsten Morgen wieder zurück, besonders im Sommer, wenn Moskau unter der Mischung von Smog und Waldbränden leidet.

So erbittert der Sprachenstreit auch manchmal ausgetragen wird – Jurmala heißt Russen willkommen. Vor allem wenn sie Geld mitbringen. Nach 2008, zu Zeiten der Finanzkrise, als im Hafen von Riga Leere herrschte und die Wirtschaftsleistung um ein Viertel zurückging, warb die Regierung um ausländisches Kapital und holte sich dafür grünes Licht aus Brüssel von der EU.

Wer bereit war, für ein paar hunderttausend Euro Eigentum in Lettland zu erwerben oder in ein Unternehmen zu stecken, bekam eine Aufenthaltserlaubnis dazu, inklusive Reisefreiheit in den 26 Staaten des Schengener Abkommens.

Die Russen, die davon Gebrauch machen, drängen nicht in die Öffentlichkeit. »Alle haben Angst vor Putins langem Arm und Verwandten in Russland«, sagte eine russische Bekannte, eine Bankerin, die sich hier mit Mitte fünfzig zur Ruhe gesetzt hat. Es sind Menschen aus der oberen Mittelschicht, die die Feinschmeckerrestaurants am Strand in Jurmala frequentieren. Sie haben ihr Geld unter Putin gemacht, möchten jetzt aber lieber ihre Schäfchen an der Ostsee weiden lassen, weit weg vom Moskauer Stau, den vielen Autos und den politischen Verhältnissen.

Ein liberaler lettischer Politiker, der mitgeholfen hat, ihnen die Türen in Lettland zu öffnen, beschreibt sie so:

»Die meisten Zuzügler gehören zur Moskauer Mittelschicht. Sie haben hohe Einkommen, lieben die Demokratie und fürchten Putin.«

Die russische Mehrheit in Riga wird wohl weiter bestehen bleiben.

Viertes Kapitel

Keine Angst vor niemandem – zu Besuch bei Vaira Vike-Freiberga

Vaira Vike-Freiberga ist vielleicht ein bisschen zu groß für Lettland, zu sehr auf Augenhöhe mit Jacques Chirac und George Bush junior. Die Bildergalerie in der Diele zeigt eine westliche Lady mit großen Hüten, Turmfrisur und eigenem Chic im Gespräch mit den Mächtigen dieser Welt.

Es gab Getuschel, dass das Auto zu teuer sei, mit dem sie fährt, und die Hotels auf Auslandsreisen zu edel. Oligarchen kommen mit so etwas eigenartigerweise durch, vielleicht weil alle Welt Angst vor ihnen hat. Bei Präsidenten wird genauer geschaut, sie repräsentieren das Land und gehören allen. Acht Jahre lang – von 1999 bis 2007 – war VVF, so ihr Kürzel, Präsidentin von Lettland. Ihre Fans nennen sie immer noch landauf landab einfach »Vaira«.

Statt sich selbst auf ein verträgliches Mittelmaß zu schrumpfen, hat sie umgekehrt das Land gehoben. Ein Kraftakt sondergleichen.

Was Vike-Freiberga aus ihrem kanadischen Exil mitbrachte, waren die Qualitäten einer Außenseiterin und Quereinsteigerin. Lettische Politik ist sonst eher eine Sache von Hinterzimmern und von Männerrunden. Vike-Freiberga war da erfrischend anders: Sie hatte vor niemandem Angst, war niemandem verpflichtet und konnte sogar mit Wladimir Putin umgehen.

Vaira Vike-Freiberga scheute keinen Konflikt. Wer mit sechs Jahren mit den Eltern aus Riga fliehen, elf Mal umziehen musste und erst mit sechzig wieder in die Heimat kam, den kann nicht viel schrecken.

Flowerpower

Die Präsidentin empfängt in ihrer Stadtwohnung. Das ist der Ort für Besucher. Sie hat auch ein Landhaus in Kurzeme im Westen des Landes in der Nähe der Ostsee. Das ist der Ort, wo sie sich vergräbt, Bücher schreibt und Blumen züchtet. Manchmal ist sie so vergraben, dass sie Termine absagt. Immerhin ist sie 80 Jahre alt.

Es hat etwas Aristokratisches, wie sie da im grünen Samtsessel mit rotem Haar vor expressionistischen Bildern sitzt. Im Hintergrund hört man ihren Mann Imants Freibergs hantieren. Es heißt, dass sie einen Ehevertrag geschlossen haben, der jährlich zur Erneuerung ansteht. Die beiden sind seit 1960 verheiratet und lebten Jahrzehnte in Kanada. Zwei Professoren – sie für Psychologie, er für Informatik.

Ehemalige Präsidenten haben auch in Lettland Anspruch auf eine würdige Unterkunft. Vaira Vike-Freiberga bewohnt einen Bürgerpalast in bester Lage, Ecke Elisabethstraße und Freiheitsstraße direkt am Park. Sie wohnt dort nicht alleine. Ein Stockwerk darüber residiert ihr Vorgänger Ulmanis, der Großneffe des letzten lettischen Präsidenten der Zwischenkriegszeit. Jener begann als Demokrat und endete als Diktator, was seiner Popularität aber keinen Abbruch tut. Damals, 1939, hieß die Straße auch schon Freiheitsstraße, danach Lenin-Straße. Von ihrem Wohnzimmer aus gut zu sehen, wachte Lenin lange Jahre in Stein gemeißelt über die Zufahrt zum Stadtzentrum. Davor hieß sie Hitler-Straße und jetzt wieder Freiheitsstraße.

Zu einem offiziellen Besuch bei einer lettischen Dame gehört zwingend ein Blumenstrauß, hatte Sandra erklärt. Aber welche Blumen?

Riga ist voll von Blumenläden. Die Damen bei Vaira um die Ecke sind nicht sonderlich beeindruckt, dass es Blumen für die langjährige Präsidentin sein sollen, jedenfalls zeigen sie das nicht. Aber sie verraten Vairas Lieblingssorte. Weiße Rosen. Es dürfte der einzige Blumenmarkt Europas sein, der 24 Stunden am Tag geöffnet hat. Aber sind weiße Rosen nicht ein bisschen sehr persönlich? Die beiden Verkäuferinnen tauschen einen kurzen Blick. Sonst nichts. Offenbar müssen es Rosen sein.

Als ich dann die weißen Blüten auf den Gemälden an der Wand sehe, weiß ich, dass die Blumenfrauen nicht etwa gelogen haben, nur um mir ihre teuersten Pflanzen anzudrehen.

Exil-Letten

Vaira Vike-Freibergas Familie gehört zu den hunderttausenden Letten, die lieber ins Exil gingen, statt in Stalins Straflagern zu verschwinden, und die jahrzehntelang auf ihre Stunde warteten, ohne zu wissen, ob sie jemals kommen würde. Ihre Familie zog es aus Riga ins Flüchtlingslager in Lübeck und dann über Casablanca weiter nach Kanada. Vaira war damals erst sechs.

Schon ihre Berufswahl wäre in der Sowjetrepublik Lettland anders ausgefallen als im kanadischen Exil. Anders als ihre Altersgenossen lernte sie Englisch statt Russisch und begann eine akademische Karriere.

Psychologie galt nicht viel im sowjetischen System, erinnert sich VVF. Zu bürgerlich, zu individualistisch und deswegen unerwünscht. Das System stellte das Kollektiv über alles. Der Einzelne galt nicht viel. Was für einen Sinn sollte es schon haben, die Seelen zu erforschen, wo man doch schon im »Paradies der Werktätigen« lebte. Ihre Kenntnis der menschlichen Seele sollte ihr später von Nutzen sein.

Rendezvous im Schnee

Es gibt nicht viele Menschen, die mit dem russischen Präsidenten an einem Tisch gesessen haben und danach offen darüber reden.

Direkt nach Vike-Freibergas Wahl 1999 meldete sich der russische Präsident in Riga und begann das Gespräch mit der zutreffenden Feststellung: »Die Beziehungen unserer Länder könnten besser sein.«

Was dann folgte, war eine Einladung zu einem informellen Gespräch zu zweit, ohne Tagesordnung, unauffällig am Rande der geplanten Skiferien des russischen Präsidenten in St. Christoph am Arlberg. Doch Vike-Freiberga hatte Einwände.

»Aber Herr Präsident, meine Leute werden mich als Verräterin behandeln, wenn das rauskommt. Sie werden mir unterstellen, dass ich hinter dem Rücken der gewählten Regierung eine eigene Außenpolitik mache«, erinnert Vike-Freiberga das Gespräch.

Man einigte sich auf eine minimale Besetzung. Die frisch gewählte lettische Präsidentin reiste mit ihrem Stabschef und einem hochrangigen Vertreter des Außenministeriums in den österreichischen Schnee, um dort die Eiszeit zwischen beiden Ländern zu beenden.

»Putin empfing unsere Mini-Delegation mit einem Tross. Ich habe sie nicht gezählt, aber es waren sicher 137 Sicherheitsleute«, erzählt Vike-Freiberga. Ihre Augen funkeln vergnügt bei der Erinnerung an das denkwürdige Treffen. Putin kam schnell zur Sache. Er saß mit einer dicken Aktenmappe am Tisch. »Putin versuchte, sich als Herrscher eines riesigen Imperiums zu präsentieren. In der Sowjetunion hätten seine Landsleute unbegrenzt reisen können – brüderlich und frei –, anders als seine Landsleute heute in Lettland.«

Vike-Freiberga konterte: »Wissen Sie, viele *meiner* Landsleute, die über diese Grenzen fuhren, hätten es sicherlich vorgezogen, mit lettischen Pässen nach Paris oder London zu reisen, statt in Viehwaggons nach Sibirien.«

Ob er wohl für einen Moment sprachlos gewesen sei?

»Keineswegs. Er blätterte in seinem Ordner um und kam zum nächsten Punkt der Beschwerde.« Präsident Putin könne recht ungehalten sein, wenn seine Versuche der Einschüchterung nicht fruchteten. »Aber er kann in Sekunden eine andere Miene aufsetzen, von ernst zu heiter und zugewandt, in einem Tempo, wie andere einen Wasserhahn auf- und zudrehen.«

Das nächste Treffen mit Putin machte sogar Schlagzeilen.

2005 feierte Russland den sechzigsten Jahrestag des Kriegsendes und den Sieg über die Nazis. 58 Staatschefs reisten zu der Zeremonie nach Moskau. Zwei fehlten. Die Präsidenten Estlands und Litauens hatten ihre Teilnahme abgesagt. Der 9. Mai 1945 sei für die Balten auch der Beginn einer neuen Fremdherrschaft, diesmal durch die Sowjets.

VVF scherte aus der baltischen Einheit aus und erschien zur Siegesfeier in Moskau, allerdings wie auf einer Beerdigung mit schwarzer Robe und einem Wagenrad von Hut, ebenfalls in schwarz.

»Aber darunter trug ich Weiß«, sagt sie. »Das war damals sehr schick.«

Es sollte nicht das letzte Mal sein, dass Vike-Freiberga mit Mode Politik machte. Vor dem Amtsantritt erschien sie mit flachen Schuhen und geblümter Bluse im Stil einer Oberlehrerin. Doch mit dem Amt änderte sich ihr Outfit. Sie trug hohe Absätze, auffallende Hüte und bunte Farben. Dass sie einen russisch-stämmigen Designer beauftragte, war ein geschickter Zug – in einem Land mit großer russischer Minderheit.

Ein Land auf der Couch

So unverblümt und klar Vike-Freiberga nach außen auftrat, so deutlich ging sie auch mit eigenen Landsleuten ins Gesicht. Eine bestimmte Attitüde von Selbstgenügsamkeit und Resignation brachte sie regelmäßig auf die Palme: »So sind wir halt, und da kann man nichts machen.« Sie hatte diese Redewendung zu oft gehört – und wählte sie als provokanten Titel für ihre erste große Rede 1994.

Vike-Freiberga schonte die eigenen Leute nicht, sprach von Opfermentalität und erlernter Hilflosigkeit und der lettischen Neigung zum Lamento. Das Ganze mündete in dem Appell:

»Wir dürfen uns als Volk nicht ewig beklagen, dass die Welt so hart zu uns gewesen ist und dass wir so sehr darunter leiden. (…) Da bleibt nur der Glaube an uns selbst und an die geistigen Kräfte unseres Volkes, die uns schon immer geholfen haben zu überleben.«

Die Rede macht Vike-Freiberga schlagartig bekannt. Vier Jahre später war sie – die pensionierte Psychologieprofessorin die gewählte Präsidentin ihres Landes. Jedes Land kann es von Zeit zu Zeit gut vertragen, einen Spiegel vorgehalten zu bekommen.

Blumenmeer zum Abschied

Nach acht Jahren durfte sie nicht mehr antreten – so will es die Verfassung. Vike-Freiberga hatte auch im letzten halben Jahr ihrer Amtszeit kein Blatt vor den Mund genommen. Sie ließ die Parlamentarier nachsitzen. indem sie ihre Unterschrift unter fertige Gesetze verweigerte mit der kühnen Begründung, das Gesetz – es ging um innere Sicherheit – sei nicht der Weisheit letzter Schluss. Die Parlamentarier hatten ihre Mühe mit dieser unabhängigen Frau. Gleich zu Anfang ihrer Präsidentschaft hatte sie das neue Sprachgesetz zurückgehen lassen, das nach Meinung der EU-Kommission massiv in die Rechte der russischen Minderheit eingriff – und damit Lettlands Eintritt in die EU in letzter Minute gerettet.

Vike-Freiberga kritisierte mehrfach die Einflussnahme dreier namentlich bekannter Wirtschaftsgrößen, der sogenannten Oligarchen, auf die demokratischen Prozesse. »Die Oligarchen verhindern, dass bei uns die politischen Prozesse transparent, demokratisch und ohne Anzeichen der Korrumpierung erfolgen.«

Sie nannte auch die Namen der Politiker, die ihrer Meinung nach das Lied der Oligarchen sangen.

Als Quittung dafür, wie sie mit der neuen Machtelite des Landes umging, verweigerte man ihr eine Abschiedszeremonie. Nach ihrer letzten Rede sagte der Parlamentspräsident nur: »Jetzt geht es weiter mit Tagesordnungspunkt zwei.« Kein Dank für die Rede, kein Dank für acht Jahre Dienst am Volk.

Was sie besonders erboste: »Ich bekam nicht einmal Blumen. Selbst Männer bekommen in Lettland Blumen zum Abschied.«

Aber dabei sollte es nicht bleiben. Die Sitzung wurde live im Fernsehen übertragen, und nicht wenige Bürger fanden den Abschied deutlich zu mager. Innerhalb von Stunden kamen die ersten Blumen. Tausende Bürger kamen persönlich vorbei, es gab spontane Konzerte unter freiem Himmel. Alle Postämter in Lettland nahmen Blumen entgegen, und von überall her kamen Lieferwagen voll mit Sträußen.

Ein Ende wie im Märchen und eine paradoxe Situation für eine junge Demokratie. Denn Vike-Freiberga regierte wie eine Königin, die vom Volk geschätzt wird, weil sie der Regierung auf die Finger schaut.

Fünftes Kapitel

Zãnis Lipke – wie ein Hafenarbeiter die Ehre Lettlands rettete

Es hat wohl selten einen Ort der Erinnerung gegeben, der so schwer zu finden ist.

Hinter einer Tür in einem mannshohen Bretterzaun liegen zwei Holzhäuser und ein Schuppen in einem kleinen wohlgepflegten Garten, in dem die Bienen summen und die Blumen blühen. Rechts führt ein schmaler langer Gang zu einer Scheune, die schwarz ist und ohne Fenster.

Hier – auf Kipsala – wohnte der Schmuggler und Schauermann Zãnis Lipke, den alle nur Janis nannten. Neben dem Schuppen war mal ein Holzstapel und darunter die Grube, in der Janis und seine Frau Johanna lettische Juden vor den Nazis und ihren Helfershelfern versteckten.

Wenn die Polizei kam, bellten Janis Hunde – und die Menschen im Versteck waren gewarnt.

Als Deutscher muss man besonders vorsichtig sein, wenn man Letten auf den Zweiten Weltkrieg anspricht – und auf mögliche Lücken in der Erinnerungskultur. Denn Deutschland war vier Jahre lang von 1941-45 Besatzungsmacht. Ohne den ausdrücklichen Befehl der Besatzer wäre wohl kaum ein Lette auf die Idee gekommen, Juden zu töten und sie vorher noch ihre eigenen Gräber schaufeln zu lassen. Von Befehlsverweigerung ist allerdings auch nicht viel bekannt.

»Wir waren es leid, dass das Simon Wiesenthal-Center immer wieder mit dem Finger auf Lettland zeigte«, sagt Maris Gailis, der Baulöwe und Philanthrop, der mit seiner Frau Zaiga um die Ecke wohnt. »Immer geht es um die lettischen Legionäre, die SS-Leute. Doch es gab auch andere, solche, die für Juden ihr Leben riskiert haben. Einer von ihnen ist Janis.«

Was Maris Gailis dann erzählt, ist eine unglaubliche Geschichte. Janis Lipke konnte offenbar handeln und schweigen – und erst die Sowjets und dann die Deutschen an der Nase herumführen, wenn sie wieder mal an seinen Bretterzaun klopften, weil es da Gerüchte gab. Janis, der Schauermann mit der stolzen schönen Frau, schaffte es jedes Mal, dass sie unverrichteter Dinge wieder umdrehten.

Janis konnte eine unverdächtige Miene aufsetzen – das hatten ihn seine Jahre als Schmuggler gelehrt.

Entschuldigt bitte die Enge

Es ist ein paar Jahre her, da sprach Zaiga Gaile in dem gerade eröffneten Museum, das sie und ihr Mann mit Privatspenden gebaut hatten, ein schwarzer Holzbau ohne Fenster, wo durch die Ritzen das ersehnte Tageslicht fällt, direkt neben Janis' Schuppen. Thema des Abends war »Freiheit und wie man sie schafft«, und der kleine Vortragssaal war überfüllt, einige Besucher saßen auf dem Boden vor der ersten Reihe, und die Luft war schlecht.

Studenten und Interessierte aus allen Schichten waren gekommen. Maris saß in der ersten Reihe und er, der Ungeduldige, hörte aufmerksam seiner Frau zu.

»Es tut mir leid, dass hier schlechte Luft ist, und wir werden uns darum kümmern«, sagte Zaiga trocken, ganz im Ton der Architektin, die Wünsche der Bauherren notiert.

»Vielleicht könnt ihr euch in die Menschen einfühlen, die hier in einem Versteck unter uns, auf drei mal drei mal drei Metern, lebten. Da gab es auch keine frische Luft und nur einen Eimer für den Abfall und als Toilette.«

Als die Wehrmacht im Sommer 1941 Lettland besetzte, begannen die Schikanen gegen die jüdische Bevölkerung – lange vor Auschwitz. Die lettischen Juden wurden in dem Ghetto zusammengetrieben, das dort entstand, wo heute die Moskauer Vorstadt ist, und nach wenigen Monaten in Rumbula, einem Wald in der Nähe, umgebracht. Innerhalb von nur drei Tagen starben 27 500 Menschen.

Janis Lipke und seine Familie wurden Zeugen des Leids.

Janis heuerte als Fahrer bei der Luftwaffe an, die ein großes Lagerhaus im Hafen betrieb, und begann, jüdische Arbeitskräfte zwischen Ghetto und Hafen hin- und herzufahren. Bei dieser Gelegenheit ergaben sich Möglichkeiten zur Flucht. »Er und seine Männer schreckten auch nicht davor zurück, sich Judensterne an die Kleidung zu heften, ins Ghetto einzudringen und auf diese Weise Juden die Flucht aus dem Ghetto zu ermöglichen«, schreibt die deutsche Historikerin Katrin Reichelt. Einer der Ersten, die bei ihm untertauchten, war sein alter Freund Chaim Smolianski.

Wenn es den Flüchtlingen im Versteck zu eng wurde, suchte Janis Lipke Quartiere auf dem Land und rettete 56 Juden bis zum Einmarsch der Roten Armee.

Nach Janis Lipke ist eine Straße in Rigas Moskauer Vorstadt benannt. Sein Portrait schmückt das Denkmal für die Retter der Juden vor der Großen Choralsynagoge. Es ist eher ein stilles Gedenken. In die Schlagzeilen kommen andere.

Marsch der SS-Veteranen

Jedes Jahr am sechzehnten März gehen verstörende Bilder um die Welt. Ehemalige Legionäre der Waffen-SS ziehen in Zivil durch die Straßen Rigas zum Freiheitsdenkmal. In ihrem Fahrwasser laufen ihre Nachkommen, dazu auch Nationalisten und Neonazis aus halb Europa.

Die Zahl der Veteranen sinkt im Lauf der Zeit – wenn es hochkommt, sind es sechzig Greise und zehn Kriegerwitwen. Tausend bis zweitausend Menschen folgen dem Zug der Veteranen. Etwa genauso viele Menschen protestieren gegen dieses Treffen.

Der 16. März wurde nach der Unabhängigkeit 1998 sogar zum nationalen Feiertag. Er erinnerte an den Tag, an dem die beiden lettischen SS-Divisionen gemeinsam gegen die Rote Armee kämpften. Seit 2000 ist er kein Feiertag mehr, und lettische Politiker meiden die Teilnahme an diesem Marsch. Es könnte sie ihr Amt kosten. Wer will sich schon Sympathien für die SS nachsagen lassen?

Bei näherem Hinsehen werden die meisten Dinge einfacher. Bei der Geschichte der drei baltischen Staaten von 1939–45 ist das nicht der Fall.

Es gibt Archivbilder vom Einmarsch der deutschen Truppen 1941 in Riga, bei dem die Hälfte der Bevölkerung mit Blumen in den Händen an den Straßen Spalier stand. Diese Bilder erwecken den Eindruck, dass die Letten Faschisten waren und die Nazis als Befreier begrüßten.

Tatsache aber ist, dass 1940 die Rote Armee Lettland, Litauen und Estland überfallen hatte. Bauern und Bürger, Denker und Pastoren wurden an die Wand gestellt oder ins Straflager verschleppt. Zurück blieb nach einem Jahr roten Terrors ein tief geschocktes, ausgeblutetes Land. In dieser Situation wirkten die nächsten Fremdherren – die Deutschen – wie das kleinere Übel.

Als Deutschland dann in Lettland Männer für den Krieg

gegen die Sowjetunion rekrutierte, fanden sich auch Freiwillige für die Legion. 130 000 lettische Männer dienten in der Waffen-SS, fast aus jeder Familie war einer dabei. Wer regelmäßig am 16. März den Zug der Veteranen beobachten muss wie Sandra, der erfährt auch etwas über die Motive dieser Leute. Ein alter Mann sagt ihr:

»Ich bin freiwillig in die Legion gegangen, weil die Russen meinen Vater und meinen Bruder verschleppt haben. Unser Hass und unser Schmerz waren unbeschreiblich groß.«

Was man wissen sollte: Die Waffen-SS hatte insgesamt in Europa eine Million Männer unter Waffen. Die lettischen Legionäre spielten darin eine Sonderrolle. Sie wurden erst ab 1943 aufgestellt und hatten mit den Massenerschießungen und den Konzentrationslagern nichts zu tun.

Das muss so deutlich gesagt werden, weil sonst alle Legionäre zu Unrecht des Massenmords an Zivilisten beschuldigt werden – und weil es auch von den renommierten Nazi-Jägern des Simon-Wiesenthal-Zentrums bestätigt wird.

Problematisch ist das Umfeld der Legion. So ging das »Kommando Arãis« in den lettischen SS-Divisionen auf. Diese berüchtigte »Sicherheitstruppe« stand unter der Führung des Polizeichefs von Riga, Victors Arãis, und mordete auf eigene Faust, wenn auch mit Billigung der Besatzer.

Arajs war Sohn eines lettischen Schmieds und einer baltendeutschen Mutter, wurde später Bataillonskommandeur einer der beiden Legionen und tauchte mithilfe der lettischen Exilregierung nach dem Krieg in Deutschland unter. 1979 wurde er vor dem Hamburger Landgericht wegen gemeinschaftlich begangenen Mordes an 13 000 Menschen im Wald von Rumbula zu lebenslanger Haft verurteilt.

Dieses Kapitel der lettischen Geschichte ist noch nicht ganz aufgearbeitet. Nach 1991 hatte Lettland genug zu tun mit dem eigenen Leid – nach Besatzung, Deportation und Exil. Es braucht seine Zeit, sich auch für das Leid der anderen zu öffnen, vor allem, wenn es wehtut, weil die Täter auch aus dem eigenen Land kommen.

Seit 2016 gibt es ein öffentliches Gedenken an Lettlands symbolischen Platz, dem Freiheitsdenkmal.

Die Initiative kam vom Lipke-Memorial, und die Wahl fiel auf den 30. November, den Tag, an dem 1941 das große Sterben im Wald von Rumbula begann. Beim ersten Gedenken sagte der letzte Überlebende des Rigaer Ghettos, der Historiker Margers Vestermanis, er habe auf dieses Ereignis 75 Jahre gewartet. Endlich habe die lettische Öffentlichkeit sich dazu durchgerungen, die Juden mit in ihre Gemeinschaft aufzunehmen.

Wer einen rettet, rettet die Welt

In Lipkes Rettungsaktion waren neben seiner Frau Johanna und seinen beiden Söhnen rund fünfundzwanzig Helfer involviert. Sie standen nicht allein. Israel gedenkt der Menschen, die in einer Zeit des völligen moralischen Kollapses ihren jüdischen Nachbarn beistanden. Einhundertvierunddreißig Letten gehören zu den »Gerechten der Völker«. Auch Janis und Johanna Lipke wurde 1966 in die Reihe der Gerechten in der Gedenkstätte Yad Vashem aufgenommen.

Kurz vor Johanna Lipkes Tod gelang lettischen Dokumentarfilmern ein Portrait dieser ungewöhnlichen Frau. Darin erzählt Johanna von den Kindern im Ghetto und wie sie nach Brot riefen. »Wenn wir sie retten, werden sie leben, und wir werden auch leben. Das ist die Motivation, warum man Leute rettet und dafür das eigene Leben riskiert.«

Sechstes Kapitel

Deutsche Spuren – Campenhausen, Wagner, Erhardt

Wenn man das Herz von Livland sucht, landet man irgendwann in Orellen. Livland – so nannten die baltischen Ritter die heutigen Staatsgebiete Estland und Lettland.

Orellen – auf lettisch Ungurmuiza – ist ein wunderschöner Gutshof unter Eichen siebzig Kilometer östlich von Riga. Natur und Park gehen ineinander über. Durch die vielen Fenster schaut man in den Park und auf das Teehaus im Tor. Nicht weit entfernt sind ein kleiner See und eine Herberge, immer wieder hört man dort die Störche klappern.

Orellen war früher der Sitz der Barone von Campenhausen, einer ungewöhnlichen Familie von Kriegsherren, Kirchenmännern und Sozialreformern.

Wenn dieses Haus nur reden könnte. Wie damals die Kosaken 1917 gleich in den ersten Stock geritten sind. Wie sie die Bibliothek im kalten Winter im Kamin verfeuert und Ahnenportraits in Öl gleich hinterher legten, weil diese länger brannten.

Lettlands ältestes Barock-Schmuckstück wurde als Pferdestall genutzt. Für Herrenhäuser hatte man damals wenig Bedarf.

In der Sowjetzeit zog die Schule ins alte Herrenhaus. Die bemalten Zwischenwände verschwanden und die alten Kachelöfen auch. Aber als Schule konnte das Haus überleben.

Wenn auch keiner der Lehrer je auf die Idee gekommen ist, eine Plakette anzubringen mit der Inschrift: »Auf diesem Gutshof wurde 1734 die erste Schule für die Landbevölkerung gegründet von Baron Balthasar von Campenhausen«.

Aber die Sowjets hatten für den Landadel nichts übrig. Im Geschichtsunterricht gab es ein dickes Lehrbuch über die heldenhafte Arbeiterklasse und den unaufhaltsamen Sieg der Sowjetunion. Die Sowjetrepublik Lettland war nur ein paar Seiten wert. Das Kapitel deutsch-baltische Herrschaft hieß »700 Jahre Knechtschaft«.

Die kurze Heimkehr der Barone von Campenhausen

Die Gründerfamilie ist auf hundert Nachkommen angewachsen. Fast alle wohnen in Deutschland. Von Rückgabe ist keine Rede, die alten Besitzer sind aber als Gäste willkommen. Orellen ist heute Museum und gehört dem Landkreis.

Jan von Campenhausen ist der Familienälteste, auch wenn die Bezeichnung in die Irre führt. Ein Mann mittleren Alters, schlank und drahtig, eine Mischung aus baltischer Geradlinigkeit und der Herzlichkeit des Ruhrpotts. Balthasar, Rufname »Jan«, und seine Ehefrau Elisabeth wohnen in Deutschland, erst in Görlitz, dann Hannover, dann in Wittenberg. Sie ist Lehrerin aus Westfalen, er ist in Bochum geboren und einer der Köpfe der Evangelischen Kirche Deutschlands.

Jan Balthasar ist der älteste Sohn des ältesten Sohns des letzten Gutsbesitzers. Auf ihn richteten sich die Blicke der lettischen Gutsverwalter und Restaurateure.

Vor ein paar Jahren war es Zeit für den ersten mehr oder weniger offiziellen Besuch. Drei Tage hatten sich die Campenhausens Zeit genommen. Sie erschienen ganz in Schwarz, er im Dreiteiler, sie im Kostüm, wie auf Staatsbesuch.

»Wir waren nicht ganz unaufgeregt«, erinnert sich Campenhausen. Es war eine delikate Mission. Einerseits wollten sie auf keinen Fall den Eindruck erwecken, sie wollten den Familiensitz zurück. »Die Geschichte lässt sich nicht zurückdrehen.« Zu viel Interesse hätte man von Seiten der Letten missverstehen, zu wenig hätte man als Gleichgültigkeit auslegen können. Campenhausens spielten ihre Rolle und nahmen sich Zeit.

Sie lobten die neue ochsenblutrote Farbe an der Vorderseite und bewunderten die Ornamente am Fuß der Treppe, die Restaurator Juris Spillners freilegte, eine Arbeit, die ihn noch Jahre beschäftigen sollte. »Langsam, aber gut«, sagte der grauhaarige ältere Herr lächelnd, »wie man auf Deutsch sagt.«

Sie wurden durch die alten Kinderzimmer geleitet und mit den Ahnenbildern konfrontiert. Erstaunlich, wie ähnlich sich die Herren über die Jahrhunderte sehen.

Das Haus ist ein Spiegel Lettlands – und des langsamen Niedergangs der feudalen Macht, die hier im äußersten Nordosten länger überlebte als im Rest von Europa. Bis 1816 waren die Bauern Leibeigene. Hundert Jahre später stürzten sie ihre alten Dienstherren vom Sockel.

Die baltischen Barone spielten eine Doppelrolle: Einerseits waren sie Kolonialherren mit allen Rechten und nach eigenem Gesetz. Andererseits brachten sie Kultur. »Das eine hängt mit dem anderen zusammen«, sagt Campenhausen vorsichtig.

Denn die Emanzipation der Knechte begann in den Schulen der Gutshöfe. Dort lernten die Kinder der Landarbeiter Lesen, Schreiben und Rechnen, die Pfarrer übersetzten die Bibel in die Volkssprache, und aus all dem entstand bei den Untertanen langsam ein Gefühl eigenen Wertes. Am Ende wollten sie Herr im eigenen Haus sein, und die Gutsherren standen dem im Weg.

1920 – in der ersten Republik – kam es dann zu einer Agrarreform, die das Ritterwesen auf einen Schlag beendete.

Balthasar Jan von Campenhausen beschreibt diesen jähen Absturz: »Die adligen deutschen Großgrundbesitzer wurden durch die Bodenreform bis auf ein sogenanntes Restgut von 1,7 Prozent des Grundbesitzes entschädigungslos enteignet.« So wie er das sagt, klingt es eher wie eine Feststellung. Campenhausen geht mit seiner Herkunftsfamilie nicht zimperlich um. Das Teehaus über dem Tor ist ein schöner stiller Ort für Bekenntnisse. »Unsere Vorfahren haben das zum Schluss nur noch verwaltet. Die Ideen des Anfangs waren nicht mehr da. Wenn es nur noch um die eigenen Interessen geht, dann hat man seinen Anspruch verwirkt.«

Wenn man etwas von der Familie Campenhausen lernen kann, dann ist es, wie man mit Stil eine verlorene Position räumt.

Doch wie sehr die Enteignung schmerzte, ist in der Hauschronik der Campenhausens zu spüren: »Die seit Jahrhunderten nach geltendem Recht herrschende Schicht wurde zur ungeliebten vermögenslosen Minderheit«, heißt es darin.

Nicht zu viele Unterschiede machen

Orellen steht für Hunderte und Tausende von Landgütern in Livland. Es war in manchem aber seiner Zeit voraus. Der erste Besitzer pflegte enge Bande mit den Herrnhuter Brüdern, einer besonders frommen Glaubensrichtung, die mit der Idee ernst macht, dass die Menschen vor Gott gleich sind. Woanders mag das ein Lippenbekenntnis sein, dem Friedhof des Gutes sieht man es noch heute an. Die Grabsteine sind bescheiden und flach, und neben den Campenhausens liegen auch Mitarbeiter des Gutes begraben.

Vor allem aber hatten die Gutsherren auf Orellen ein Auge darauf, dass ihre Leute ihren Lohn nicht in Wodka anlegten. Bildung unters Volk zu bringen war fortwährender Auftrag. »Wir wollten Lehrer und Handwerker ausbilden und keine Säufer.«

Ob es nun daran lag oder reines Glück war: Es fanden sich seit 1734 immer wieder hilfreiche Hände, die verhinderten, dass das Gut in Flammen aufging. Viele Gutshöfe in Lettland sind abgebrannt, angezündet von wütenden Knechten oder erbitterten Lehnsbauern. Orellen aber hat überlebt, und das ist ein kleines Wunder, denn das Gutshaus ist ein reines Holzhaus, das älteste seiner Art im Lande.

Im Wagnersaal

Trotz Nieselregen sind die tausend Sänger zusammengekommen und haben sich auch schon eingesungen. Langsam lösen sie sich vom Domplatz. Ein Gast aus Deutschland reiht sich ein. Sie trägt eine blaue Regenjacke, einen sturmerprobten Hut vom Typ Pelerine, einen weiß-blauen Schal und einen Button am Revers: »Wagner 2021«.

Die Dame mit blonden Locken und entschlossenem Blick hat sich vor einiger Zeit aus der Leitung der Bayreuther Festspiele zurückgezogen, mit etwas Theaterdonner, wie es in der Familie Wagner so vorkommt. Nun hat sich Eva Wagner-Pasquier als Zugpferd in Riga einspannen lassen. Sie ist die Tochter von Wolfgang Wagner und seiner ersten Frau Ellen Drexel und somit Urenkelin von Richard Wagner.

Es ist der deutsche Nationalfeiertag, der auf diese Weise auch in Riga begangen wird. Es ist nicht weit vom Dom bis zum Wagnersaal, dem Konzertsaal im ehemaligen Stadttheater von Riga. Die Straßen sind schmal, die Akustik fast mittelalterlich.

Von Weitem schon hört man sie kommen. Sie singen den Pilgerchor aus dem Tannhäuser.

»Wagner wird in der ganzen Welt aufgeführt, aber dieser Saal ist noch ein wunderbarer Platz, wo man seinen Namen ehren kann«, sagt die Urenkelin.

Nun hat Riga viele schöne Gebäude, fast ein bisschen zu viele, und wenn man abends durch die Altstadt geht, bleiben viele Fenster dunkel. Genau das ist das Problem.

Es wurmt die Wagner-Gemeinde, dass ausgerechnet in der Stadt, in der Wagner in jungen Jahren Fuß fasste, das alte deutsche Stadttheater seit 2007 leer steht. Das Haus hat Risse, der Grundwasserspiegel ist durch Neubauten gesunken. Keiner will es haben. An mangelndem Respekt vor Richard Wagner kann das nicht liegen. Beim europäischen Kulturjahr 2014 schmückte sich die Stadt bei der Eröffnung mit jener Oper, die Wagner hier (in Teilen) komponiert hatte: »Rienzi«. Darin geht es um die tragische Figur eines italienischen Volkstribuns. Sie wurde 1842 uraufgeführt und erlangte später Weltruhm. Wagner kann selbstverständlich nicht für seine Bewunderer haftbar gemacht werden, aber der Vollständigkeit halber sei erwähnt, dass »Rienzi« die Lieblingsoper von Adolf Hitler war.

Eva Wagner-Pasquier schmeichelt den jungen Sängern und Sängerinnen, mit denen sie durch den leichten Regen läuft, indem sie Riga als Start der großen Karriere Wagners beschreibt.

»Das war ein großer Schritt vorwärts in seinem Leben. Er war ein junger Mensch, er hat hier mit seiner ersten Frau gelebt. Das ist eine phantastische Zeit gewesen.«

Der Reiz der Rigaer Jahre für Wagner mag auch darin bestanden haben, dass er – der chronisch von Geldsorgen geplagte und vor seinen Gläubigern fliehende Wagner – hier seine erste feste Anstellung als Kapellmeister hatte. »Diese zwei Jahre sind sehr wichtig in seinem Leben gewesen. Hier hat er die Inspirationen, etwa für den Orchestergraben, bekommen.«

Wagner wollte ungeteilte Aufmerksamkeit für das Bühnenbild und die Sänger und versteckte deshalb das Orchester im Graben. (Ein kleiner Schritt für die Menschheit, ein großer Schritt für die Geschichte der Oper.)

Der Pilgerchor endet vor der Tür. Investoren und Interessierte dürfen gelegentlich einen Blick hineinwerfen ins ehemalige Stadttheater. Es ist warm und trocken, das Dach ist intakt. Der Putz bröckelt. Hinter der Fassade ist Stroh zu sehen, es gibt ein paar Risse im Treppenhaus und auch im Fundament. Wenigstens das Parkett im Wagnersaal ist intakt. Groß ist er nicht, aber sehr schön.

Vor seiner Zeit soll ein Paar beim Tanzen mal durch das Parkett gebrochen sein.

»Natürlich könnte man hier auch wieder Opern aufführen«, hat die Urenkelin versichert.

Was, wenn sich keine Investoren finden? Der Saal zu klein ist für die großen Stücke und zu groß für die kleinen? Wenn die Kassen in der kunstsinnigen Stadt Riga verschlossen bleiben, weil die Risse im Fundament zu breit sind?

Leere kann sehr anziehend sein. Eine zeitgenössische Videoreihe des Goethe-Instituts widmet sich den verlassenen Orten der Metropole. »›Riga empty spaces‹ zeigt Wohnblocks, ehemalige Fabriken und private Holzhäuser«. Nur selten fällt die Leere direkt ins Auge. Oft fügen sich die Hüllen unauffällig in Häuserzeilen, verfallen leise in Hinterhöfen oder an der innenstädtischen Peripherie«.

Doch Wagners Saal wird, wenn überhaupt, nicht leise verfallen.

Dafür steht schon der Familienname.

Schwarze Schafe lachen länger – Heinz Erhardt

Der Treffpunkt mit Heinz Erhardts Tochter ist bewusst gewählt, der Spruch hätte auch von ihrem Vater sein können. »Ich trinke meinen Kaffee im Café Schwarz, da ist er reiner als im Café Reiner.« Es ist das Jahr 2005. Das Café Schwarz existiert nicht mehr, aber ein Restaurant gleichen Namens über den Dächern von Riga mit dicken Teppichen, weißen Tischtüchern und einem Blick auf das Freiheitsdenkmal. Ein älterer Herr mit über die Glatze gekämmtem Haar bearbeitet das Klavier, und unter den Gästen sind einige Heimweh-Touristen.

Unter ihnen auch das Ehepaar Berthold aus Hamburg. Grit Berthold folgt der Spur ihres berühmten Vaters, dem

Meister der kleinen Reime. Sie ist die älteste Tochter von Heinz Erhardt, der seine ersten 25 Jahre in Riga verbrachte und als armer junger Künstler gelegentlich im Café Schwarz auftreten durfte.

Hans ist ihr Mann, und obwohl ich ihn zum ersten Mal sehe, erscheint er seltsam vertraut. Er kennt das schon, diese Reaktion.

»Das Komische ist, dass Kollegen sagen: Du siehst deinem Schwiegervater immer ähnlicher.«

Sie hat die Locken ihrer Mutter. Er die Platte des Schwiegervaters.

So viel herumgereicht, dass es reichte

Heinz Erhardts Jugend war schwierig, wenn man seiner unvollendeten Autobiographie »Ich war eine frühentwickelte Spätausgabe« folgt. Schon kurz nach der Geburt trennten sich die Eltern: Der Vater tourte als Kapellmeister durch die deutschen Theaterstädte, die Mutter ging nach St. Petersburg. Seine Eltern heiraten mehrfach, so dass er am Ende rein rechnerisch drei Mütter und drei Väter hatte. »Ich wurde so viel herumgereicht, bis es mir reichte.« Erhardt besuchte ein Dutzend Schulen und ging ohne Abschluss. Erhardt wuchs bei den Großeltern auf, die um die Ecke vom Café Schwarz eine Musikalienhandlung betrieben. »Sie waren so gut zu mir, dass es schon wieder schlecht war.« Eigentlich sollte er das Geschäft übernehmen, doch er spielte und komponierte lieber auf den Klavieren, als dass er sie verkaufte.

Die deutsche Oberschicht dominierte Riga, und die Erhardts gehörten zu den führenden Familien der Stadt, nicht von Adel, aber von Einfluss. Onkel Robert war Finanzminister in der ersten lettischen Republik, Großvater Jacob Bürgermeister von Riga im Ersten Weltkrieg.

Es gehört zur Pointe der Geschichte, dass die achtbaren Verwandten alle fast vergessen sind: Das schwarze Schaf aus der Familie, der Spaßmacher und Melancholiker, hat sie alle überlebt.

Ob es Heinz Erhardt genützt hat, dass er ein Spross aus einer hanseatischen Kaufmannsfamilie war?

Mit Tochter Grit und Schwiegersohn geht es mit der Straßenbahn nach Kaiserwald, dem wohl prächtigsten Viertel von Riga, wo heute die Diplomaten wohnen und Leute, die zu schnell zu Geld gekommen sind. Heinz Erhardt tingelte hier in den besseren Häusern »mit Liedern zur Laute«. Grit Berthold schaut versonnen auf die prächtigen Portale. Der Vater musste am Anfang seiner Karriere wohl ziemlich viele Klinken putzen.

Fahren Sie auch nach oben?

In Heinz Erhardts Jugend war Riga reicher als die andere große Ostseemetropole Stockholm. Keine andere Stadt hatte so viele prachtvolle Jugendstil-Häuser, etwa 800 Stück, niemand machte ihr den Titel »Paris des Nordens« streitig. Im Jugendstil feierte eine Epoche ihre Lust an der Verschwendung. Zum neuen Luxus gehörten auch elektrische Lifte – und das war Heinz Erhardts Glück.

Mitten im schönsten Jugendstilviertel Rigas steht ein Haus mit einem Fahrstuhl, in dem man sehr eng beieinandersteht und einiges tun muss, um aneinander vorbeizuschauen. Die Adresse ist Elisabetes ielea 41/43. Zwei junge Menschen stiegen ein. Da fasste sich der junge Mann ein Herz.

»Ich war ein harmloser Langweiler, mit Hemmungen bis über die Hutschnur. So verschlug's mir erst einmal die Sprache, als ich knapp fünfundzwanzigjährig im Frühjahr 1934 einen Fahrstuhl betrat und mich urplötzlich einer jungen Dame gegenüber sah, die ein Wagenrad von einem Hut auf dem hübschen Kopf balancierte. Dann aber fasste ich mich und fragte klugerweise: ›Wollen Sie auch nach oben?‹ – wir befanden uns parterre. Die junge Dame meinte es jedoch gnädig mit mir. Sie lachte nicht Hohn, sondern sagte schlicht und ergreifend ›Ja‹. Woraufhin ich zuerst den vierten (für mich) und dann den fünften Knopf (für sie) betätigte. Die Fahrstühle in Riga fuhren seinerzeit glücklicherweise sehr langsam.« (Aus Heinz Erhardts unvollendeter Autobiografie »Ich war eine frühentwickelte Spätausgabe«)

Ein Jahr später heirateten Heinz Erhardt und Gilda Zanetti, als erstes der vier Kinder wurde Grit geboren. 1939 zogen sie nach Berlin um, kurz bevor alle Baltendeutschen auf Befehl von Adolf Hitler »heim ins Reich« umgesiedelt wurden.

Für Heinz Erhardt kamen Glasnost und Perestroika zu spät. Er hat die Stadt seiner Kindheit nie wiedergesehen. Seine älteste Tochter Grit Berthold ist 2016 verstorben.

Siebtes Kapitel

Irbene und die Küste im Dornröschenschlaf

Es ist ein weiter Weg bis ans Ende der Welt. Mit dem Fahrrad kann man es von Riga an die Westküste in vier Tagen schaffen, mit dem Auto in ein paar Stunden. Für das Fahrrad spricht, dass man zwischen Waldwegen und Strandpisten wechseln kann und die Welt dann nur noch aus drei Farben besteht. Grün wie der Wald, weiß wie der Sand, blau wie das Meer und der Himmel.

Im Sommer ziehen sich Familien aus Riga hierhin zurück und tanken auf für das Leben in der Großstadt. Aber sie fallen nicht auf, gehen fast unter in dieser welligen Landschaft mit der Steilküste im Dornröschenschlaf.

Auch im Sommer kann man zehn Kilometer am Strand laufen, ohne einer Menschenseele zu begegnen. Sandra Leikartes Blick wird verträumt, wenn sie von den alten Dörfern an der Westküste Lettlands erzählt, von Bernati, Jurkalne, Kosrags, Sikrags, Mazirbe, Kolka und Pavilosta. (Näheres unter www.riga-reisenotizen.lv)

Man kann Lettlands Westküste nicht verfehlen, wenn man der Rigaer Bucht bis zum offenen Meer folgt und dann bei

Kap Kolka westlich Richtung Ventspils abbiegt. Die deutsche Übersetzung für Ventspils lautet wenig überraschend »Windspiel«, es sieht dort tatsächlich so aus, als ob der Wind das Sagen hat. Baumstämme, Bojen und Bretter liegen kreuz und quer an den Stränden. Der Wind weht um die Ohren und verscheucht alle Arten von Gedanken. Es gibt wenige natürliche Häfen, dafür unendliche Steilküsten und Wälder und gelegentlich einen alten weißen Leuchtturm mit Lichthaube und niedriger Brüstung.

Nach den Stürmen kann man hier am Strand Bernstein finden, auch große Brocken. Luxus sucht man an der Westküste Lettlands vergebens, eher schon Stil und Schönheit, etwa in den Dünen und Wellenbergen von Pavilosta. Die Mentalität der Küstenbewohner hat auch auf die Rigaer Stadtflüchtlinge abgefärbt, die hier Surfschulen, Restaurants und ein wunderschönes Holzhotel namens Windparadies betreiben, das sich L-förmig um eine große Spielwiese legt. So handfest die Fischer sind, so geht es auch im Hotel zu. Das Bad wird nass gewischt und die Gäste dürfen sich die Betten selber machen. Aber das Essen ist exzellent, und die See singt ein Lied zum Einschlafen.

Wer das Weite sucht, ist hier gut aufgehoben. Wer hätte gedacht, dass sich in den dichten Mischwäldern sogar ein komplettes Sternenstädtchen versteckt hat?

Der Astronom und seine Jugendliebe

An Lettlands Küste endete einst das Riesenreich der Sowjets. Nirgendwo sonst konnte man so weit nach Westen horchen wie hier.

Wenn man von der Landstraße abbiegt, kommt man in eine Geisterstadt für zweitausend Soldaten, die auf keiner Landkarte vermerkt war. Früher war Irbene schwer bewacht, die Siedlung drum herum eine Festung. Die Militärs wurden gut versorgt, sie gehörten zur sowjetischen Elite. 1994 zogen die Sowjets dann heim.

Die Sowjets sind weg, und das Einzige, was sie – von den Ruinen abgesehen – hinterlassen haben, ist ein monumentales Hörrohr von 32 Metern Durchmesser mit Namen *Irbene* und der Typenkennzeichnung RT 32, das größte Nordeuropas. Es gibt Orte, die einen magisch anziehen. Zweimal bin ich schon oben an die Spitze des Teleskops geklettert – Höhenangst hin oder her.

Wahrscheinlich wäre Irbene langsam im salzigen Seewind verrostet, wenn nicht eines Tages ein Mann die Chance seines Lebens gesehen und sie ergriffen hätte. Er kaufte das Torhäuschen für einen Lat (das entspricht heute drei Euro) und zog 1997 nach Irbene, um zu retten, was zu retten war.

Professor Juris Zagars war schon in den alten Zeiten ein Weltraumforscher von Rang, mit Doktorgrad aus Moskau. Aber Irbene war tabu für ihn, den lettischen Astronomen. Die Schüssel hat einmal transatlantische Telefongespräche abgehört, der Radius reicht bis zu den Pyrenäen.

Die Ostseeküste war mehr oder weniger Sperrgebiet. Hier endete die Welt. Jeden Abend fuhren Soldaten mit einem Traktor über den Strand und zogen eine große Harke hinter sich her. So konnten sie eventuelle Fußabdrücke von Menschen entdecken, die versucht hatten, im Schutz der Nacht übers Meer zu fliehen.

First thing in the morning

Juris Zagars pflegt einen einfachen Rhythmus. Noch vor dem Frühstück schaut er nach dem Rechten. Man kann sich den hageren Mann mit den hellen, begeisterten Augen und dem temperamentvollen Englisch gut als Kind vorstellen, das es am ersten Weihnachtstag morgens barfuß zur neuen Modelleisenbahn unter dem Christbaum gezogen hat.

Dann setzt er sich auf sein Fahrrad (im Lauf der Jahre ist es ein E-Bike geworden) und fährt vom Torwärter-Häuschen zur riesigen grau-silbernen Schüssel, um nachzuschauen, ob Irbene immer noch da ist.

Einhunderttausend Menschen haben sich das Hörrohr in den letzten zwanzig Jahren schon zeigen lassen. »Keine Angst«, sagte Professor Zagars bei meinem ersten Besuch vor ein paar Jahren, »folgen Sie mir, klettern Sie ruhig mit mir hoch in den Ausguck.« Über sowjetische Militärtechnik kann man denken, was man will, auf jeden Fall ist sie robust.

»Wenn Sie sich hier im Gang wie in einem U-Boot fühlen, so ist das kein Zufall. Die Teile stammen von einer Leningrader Werft. Die Sowjets haben gerne auf bewährte Technik gesetzt.«

Sternenkunde statt Spionage

Professor Zagars öffnete eine Luke, und wir standen in der Mitte der Abhörschüssel. Mehr als die frische Luft hier oben schätzte Zagars die Nähe zum Universum, hier in dreißig Metern Höhe.

»Die Menschheit möchte doch wissen, wo sie herkommt und wie das Universum entstanden ist. Wir leisten unseren kleinen Beitrag. Wir horchen ins All, damit wir das Universum begreifen.« Da oben pfiff der Wind, und über die Baumwipfel sah man in zehn Kilometer Entfernung das Meer und den Leuchtturm von Mikelbaka.

Der Platz oben auf dem Ausguck hatte seine Reize, solange das Teleskop in Ruhestellung war. Wenn es sich quietschend in Bewegung setzte, sollte man schleunigst absteigen, wollte man nicht abgeschüttelt werden.

Geldhahn auf

Dank Zagars nimmermüdem Einsatz in vier Sprachen (außer Lettisch und Russisch spricht er dank vieler Gastprofessuren auch Französisch und Englisch) und intensiver Lobbyarbeit bei der EU in Brüssel ist Irbene mittlerweile auf neuestem technischen Stand, was man daran merkt, dass sie nicht mehr quietscht und die große Schüssel neu beschichtet ist. Wissenschaftlich ist das unbestritten ein Fortschritt, aber es beendet auch Vergnügungen der besonderen Art, wie etwa Tanzen an Mittsommer in der Schüssel, wie es bei der Belegschaft populär war. Zagars reagiert auf Nachfrage eher verhalten: »Da, wo sie früher drauf klettern durften, darf man heute nicht mehr stehen. No admittance. Alles neu beschichtet.«

In den Anfangsjahren nach dem Rückzug der Sowjets mussten Zagars und ein paar Gleichgesinnte sehr genau aufpassen, dass das Teleskop nicht in kleinen Teilen langsam verschwand. »Das war Krisenzeit, und für Metall konnte man gutes Geld bekommen«, erinnert sich der Professor.

Irbene lebt, aber die Geisterstadt darum herum verfällt mit der Zeit. In das frühere Gebäude des sowjetischen Geheimdienstes KGB, es hieß »Kristal«, sollten eigentlich Studenten einziehen. Die Gebäude sind leer, der Wind pfeift durch Fensteröffnungen.

»Das wäre ein guter Ort für einen Gruselfilm zum Thema Frankenstein und der KGB«, stellt Zagars gelassen fest. Der alte Professor hat für seine Nachfolge gesorgt. Eine neue

Generation von Sternenguckern kümmert sich um das alte Hörrohr und erforscht die Sonnenwinde.

Irbene war seine Jugendliebe. Hat die Liebe die Zeiten überdauert? »Ach, es ist wie im Familienleben. Es gibt positive und negative Emotionen. Es war auch ein langer Kampf. Aber wir haben es geschafft.«

Irbene mag ja nur ein Punkt am Rande der Welt sein. Aber es ist auch der Ort, wo der Traum von der friedlichen Nutzung der alten Spionageschüssel in Erfüllung gegangen ist.

ESTLAND

Erstes Kapitel: E-Estonia – der erste digitale Staat der Welt

Zweites Kapitel: Erfolgreich ohne Vorbilder und alle unter 25

Drittes Kapitel: Ein Hauch von Bullerbü im Seebad der Zaren

Viertes Kapitel: Die starken Frauen von Kihnu und ihre Männer

Fünftes Kapitel: Von Schnaps- und anderen Baronen in Käsmu

Sechstes Kapitel: Narva – Ein Stück Russland mitten in der EU

Erstes Kapitel

E-Estonia – der erste digitale Staat der Welt

»Auf einmal mussten wir wieder rennen, treppauf und treppab.« Liisa schildert kein Erdbeben und keinen Krieg. Auch wenn es von beiden etwas hatte.

Es war der erste große Angriff der Geschichte auf ein kleines Land, der ganz ohne Schützendonner auskam, lautlos und aus dem Hinterhalt. Liisa Past hat der Cyber-Angriff einen Beruf beschert, den es damals noch gar nicht gab.

Sie segelt in die Eingangshalle eines jener Dutzend Hotels in Tallinn, vor deren Eingangstüren Maseratis und Porsches im Parkverbot stehen und Portiers die Tür aufhalten. Tallinn boomt, und die Flat Tax schafft Millionäre und hält sie im Land. Liisa Past hat mit dem Geldadel wenig zu tun, sie gehört zur neuen Intelligenzija und leitet eine Konferenz internationaler Datenexperten im 10. Stock. Alles streng geheim – es geht um Cyber-Defense oder: Wie man sich Hacker vom Halse hält. Estland hat da einschlägige Erfahrung.

Wenn der Bildschirm schwarz wird

Liisa ist schwer zu übersehen. So hatte sie sich beschrieben: »I am blond and all clothes in black.« Sie ist Mitte dreißig, spricht schnell und überlegt. Sie ist die oberste Datenschützerin in der estnischen Informationsbehörde, und jetzt hat sie 42 Minuten Zeit für mich.

Ihr Englisch ist fließend und souverän. Sie hat einen Master von der Columbia-Universität in New York. Ein Auslandsstudium war damals für ihre Eltern eine Art Lebensversicherung: »Willst du in den USA studieren, oder sollen wir dir in Estland bei einer Wohnung helfen?«

Das klingt nach einem Reiche-Leute-Problem, aber die gab es damals in Estland noch gar nicht. Es waren Zeiten, in denen die Unabhängigkeit noch ganz frisch war und Leute wie Liisas Eltern noch Angst hatten, sie könnten aufwachen und der Traum vom eigenen Staat sei vorbei. »Wir haben erst etwa 50 Jahre lang einen eigenen Staat und das, obwohl es uns schon 800 Jahre gibt.«

Bei ihrem jüngeren Bruder, der in Mathematik in Berlin promoviert, waren die Eltern schon entspannter und gaben das auch dem Kind mit: »Er ist schon ein EU-Baby, ihm sind solche Ängste fremd.«

Die Estin Liisa ist nicht der Typ Mensch, der seine Familiengeschichte ausplaudert. Esten wissen, genau den Punkt zu bestimmen, wo sich die eigene Geschichte mit den Zeitläuften überschneidet.

Bei Liisa war das Ende April 2007. Tallinn brodelte seit

Tagen, es hatte bei Demonstrationen einen Toten und Hunderte von Festnahmen gegeben, und die Polizei ging mit großer Härte vor. Der innere Friede zwischen Esten und russischer Minderheit war gestört. So eine Spannung hatte es seit der Unabhängigkeit nicht mehr gegeben. Auslöser war der Beschluss des estnischen Parlaments – mit denkbar knapper Mehrheit gefasst –, ein Kriegerdenkmal aus der Sowjetzeit aus dem Stadtzentrum zu entfernen.

Dort versammelten sich Menschen aus der russischen Minderheit zweimal jährlich vor Aljoscha, dem zwei Meter hohen Bronzesoldaten, um den Sieg über den Faschismus zu feiern. Esten sahen in diesen Demonstrationen dagegen einen unfreundlichen Akt und eine Verherrlichung der alten Zeiten. Die Neue Zürcher Zeitung (NZZ) notierte treffend: »Estland hat mehr als nur eine Geschichte. Für die Russen steht das Denkmal des sowjetischen Soldaten für den Sieg über Nazi-Deutschland und ihre einst privilegierte Stellung im Baltikum. Die Esten hingegen erinnert der bronzene Rotarmist an die sowjetische Annexion der Heimat, an den Verlust der Unabhängigkeit von 1945.«

Server unavailabe

Die Unruhen hielten einige Tage an, es kam zu Plünderungen, das Land war gespalten. Estland bekam die Quittung für eine Politik, in der sich ein Teil der russischen Minderheit nicht recht angenommen fühlte und stattdessen mit Russland hielt. Das hatte Bedeutung weit über Estland hinaus. TV-Stationen aus aller Welt und die großen Blätter schickten ihre Korrespondenten nach Tallinn. Auch die ARD war vor Ort. Meine Kollegen und ich sprachen mit der Mutter des toten Demonstranten und dem sichtlich nervösen Außenminister Estlands und besuchten den Bronzesoldaten an seinem neuem Platz auf dem Waldfriedhof.

Alle trieb in diesem Moment die eine Frage um: Was wird Moskau tun? Kein Zweifel – der Kalte Krieg war vorbei, Russland hatte viele Länder ziehen lassen, aber vielleicht boten die Proteste in Tallinn Moskau einen willkommenen Vorwand, um der eigenen Minderheit zu Hilfe zu kommen und die Grenzen zu verschieben? Das war eine der Fragen, die Liisa Past, damals Reporterin bei der zweitgrößten Morgenzeitung Estlands, beschäftigte. Doch plötzlich blockierte das Netz. Gewohnt an schnelle Datenverbindungen, fühlte sie sich abgeschnitten, hilflos – und sehr beunruhigt. »Ich versuchte, meine Reportage abzuschicken. Kein Durchkommen. Also fuhr ich auf dem schnellsten Weg in die Redaktion.« Nur das Radio sendete weiter. So erfuhr sie, dass Estland nicht mehr am Netz war. Irgendjemand wollte ein Exempel statuieren.

In der Redaktion starrten die Kollegen nicht wie üblich konzentriert auf ihre Bildschirme. »Sie rannten von einem Stockwerk zum anderen und von dort in die Druckerei.«

Die Zeitung wurde gedruckt – und den Verkäufern aus den Händen gerissen.

Estlands souveräne Entscheidung in Sachen Kriegerdenkmal hatte international einiges aufgewirbelt. Russland protestierte, und sein Außenminister sprach von Schändung. Der frühere deutsche Bundeskanzler Gerhard Schröder stellte sich auf Russlands Seite – nicht ganz uneigennützig. Gegen Ende seiner Amtszeit hatte er unter stillem Protest der Balten-Staaten einen Vertrag über den Bau der Pipeline Nordstream quer durch die Ostsee durch den Bundestag gebracht. Danach trat er in den Dienst der russischen Energiewirtschaft und damit Wladimir Putins. Er beschied den Esten, sie sollten die sowjetischen Denkmäler gefälligst in Ruhe lassen.

»Es ist stil- und pietätlos, wie in Estland mit dem Gedenken an junge russische Soldaten umgegangen wird, die ihr Leben im Kampf gegen den Faschismus verloren haben«, hatte Schröder zu Protokoll gegeben.

Darauf hatte man in Estland gerade noch gewartet. Wenig verwunderlich, dass Gerhard Schröder bei seinem nächsten Besuch – als Lobbyist für Nordstream – nicht empfangen wurde.

Doch es blieb nicht bei Drohungen und Protestnoten. Was genau passiert war, hat Liisa Past rekonstruiert. Demnach hatten unbekannte Hacker mit großen Datenmengen das kleine Estland überflutet und die Rechner der wichtigsten

Institutionen lahmgelegt. Der Staatsbank erging es ebenso wie dem Parlament und den Medien.

»Es war ein Test in Echtzeit. Es gab uns die Chance, unser System im Netz zu testen – und lehrte uns, enormen Druck auszuhalten.« Damals hatten Server aus 150 Ländern, sogar aus dem Vatikan, Anfragen an estnische Server gestellt. »Man muss sich das vorstellen wie in einer Bankfiliale, wenn statt 50 Kunden auf einmal 5000 Kunden vor dem Schalter stehen.«

Wer zuletzt lacht

Waren es denn die Russen? Liisa wägt ihre Antwort lange ab.

»Wenn Sie mich fragen, ob der Kreml diesen Cyber-Angriff gesteuert hat, sage ich Nein. Aber sie waren die Anstifter.«

Bei einem Hackerangriff sei es erste Priorität, die eigenen Institutionen zu retten. Die Suche nach dem Übeltäter komme danach, und die Beweisführung sei schwierig.

Russland reagierte auf seine Weise im Denkmalstreit. Estnische Molkerei-Produkte verschwanden für eine Weile aus den Regalen. Russisches Öl und sibirisches Holz fanden andere Exporthäfen als Tallinn. Die estnische Regierung bezifferte den Schaden damals auf eine halbe Milliarde Euro.

Man kann das aber auch ganz anders sehen. Tallinn entwickelte sich zu einem weltweiten Zentrum zur Abwehr von Angriffen im Netz. »Das haben wir – teilweise – Russland zu verdanken«, sagt Liisa Past und grinst. »Heute würden wir über so einen Angriff lächeln.«

Wenn man es genau nimmt, haben die Hacker ihr Ziel verfehlt. Estland hat sich freigeschwommen, und der Bronzesoldat steht immer noch auf seinem neuen Platz am Stadtrand.

Das gläserne Schulkind

Wenn man wissen will, wie es sich anfühlt, in der ersten digitalen Gesellschaft der Welt zu leben, muss man aufs Land in Estland fahren, etwa nach Haapsalu. Dort sieht es zwar aus wie in Bullerbü mit schönen alten Holzhäusern und Kopfsteinpflaster. Doch wie überall in Estland gingen auch hier alle Schulen 1999 online, 2000 wurde der Zugang zum Internet ein Grundrecht. (Das Recht auf Arbeit gibt es dagegen nicht – das wäre Musik von gestern.) Das Netz reicht bis in jede Scheune.

Wenn die neunjährige Marie Luise aus der Schule kommt, weiß ihre Mutter Olga schon, wie sie in Englisch abgeschnitten hat. Wir sitzen bei Kaffee im Gartenhäuschen am Badesee, und das Handy piept. Olga öffnet die App, zwei Namen erscheinen, die ihrer beiden schulpflichtigen Töchter, sie tippt auf Marie Luise und liest die Note ab. Es ist eine fünf plus. Olga nickt befriedigt. Sie hat aber auch eine Weile mit ihrem Mann in Neumünster gelebt und kennt daher die deutsche Notengebung. »In Estland wird anders gezählt als bei euch. Fünf ist das Beste.«

Marie Luises Klassenlehrerin hat sich nach den vier Stunden Unterricht am Vormittag hingesetzt und alle Noten ins System übertragen. Fühlen sich Lehrer da noch als Pädagogen, oder geht ihre Kraft für das Füttern der Webseite drauf? »Besser eine Stunde sitzen, als den ganzen Nachmittag mit Fragen beworfen zu werden«, meint Olga.

Jeder Schüler Estlands ist in E-Kool registriert. Kool ist das estnische Wort für Schule. Dort erfahren Eltern nicht nur den Notenstand ihrer Kinder, sondern auch von geplanten Ausflügen, können mit den Lehrern chatten und sich mit anderen Eltern austauschen.

Olga will mit ihren beiden Mädchen in den Herbstferien nach Zypern. Aber die Flugdaten passen nicht ganz zu den Schulferien. Es geht um drei Tage. Die Genehmigung für das Fernbleiben vom Unterricht beantragt sie elektronisch bei der Klassenlehrerin – und bekommt sie auf demselben Weg zurück. Dazu noch die Bitte, den Unterricht in der Abwesenheit bitte im Netz zu verfolgen.

»Unsere deutschen Freunde staunen«, sagt Olga, die in Haapsalu zwei Ferienpensionen und einen Strickladen betreibt. »Zweite Frage ist, wo da der Datenschutz bleibt. Nun – wir sind ein kleines Land. Wenn etwas Schlimmes mit unseren Daten passiert, spricht sich das schnell rum. Wir haben mehr Vertrauen als ihr.«

PS:
Olga, die Mutter zweier Schulkinder aus der estnischen Provinz, kann dem Netz einen praktischen Nutzen abgewinnen, der weit darüber hinausgeht, dass sie ihre Kinder unter Kontrolle hat. Eltern wie sie können leichter mit den Schulaufgaben ihrer Kinder Schritt halten. Denn häufig scheitern Schüler, weil sie Eltern haben, die ihnen nicht weiterhelfen können. Wenn das Wissen erst mal im Netz ist, sind dem Lernen keine Grenzen mehr gesetzt.

Estlands Stunde null

Es war Estland nicht unbedingt in die Wiege gelegt, einst an der Spitze der technischen Entwicklung zu stehen.

Als der kleinste Baltenstaat 1991 unabhängig wurde, hatte erst jeder Zweite überhaupt Zugang zu einem Telefon. Landesweit gab es nur ein einziges Handy. Das gehörte dem frischgebackenen Außenminister Lennart Meri und lag – für alle Fälle – versteckt in seinem Garten.

Lennart Meri wurde später Estlands Präsident. Ein Foto auf seinem Schreibtisch zeigte die Mühen eines Ferngesprächs anno 1990 zwischen Tallinn und New York. Wenn Meri mit seinem Honorarkonsul in den USA sprechen wollte, rief er in Stockholm an, bei einem Mittelsmann, der über den Luxus zweier Telefone verfügte. Es gab einfach keine internationalen Leitungen zwischen Ost und West.

Dort lief dann auch das Gespräch aus New York an, und die beiden Telefonhörer wurden aneinandergehalten, Hörer an Sprechmuschel.

An Mut oder Selbstbewusstsein mangelt es den Vertretern des neuen Estlands nicht, und interessanterweise hatten sie es damals schon mit dem Widersacher von heute zu tun, als Lennart Meri 1994 in Hamburg einen Eklat auslöste. Er war Gast beim ältesten Festmahl der Welt, dem Matthiae-Mahl im Hamburger Rathaus, das seit 1356 gefeiert wird, und eine seiner Äußerungen provozierte einen anderen Gast so sehr, dass er das Bankett verließ. Meri hatte gerade davon gesprochen, dass die Russen die Vorherrschaft im Osten anstrebten, als ein Gast seine Serviette entrüstet auf den Tisch warf und »mit durchgedrückten Knien, einen verächtlichen Blick auf den Gastgeber werfend aus dem Saal marschierte – jeder Schritt begleitet vom Knarzen des Parketts«, wie das Hamburger Abendblatt die Szene wiedergab. Der Gast war Wladimir Putin, damals Vizebürgermeister von Hamburgs Partnerstadt St. Petersburg.

Silicon Valley an der Westsee

Fünfundzwanzig Jahre später führt Estland weltweit in Sachen Technologie. Treff mit Jaak Raie, dem Chef von Tehnopol, einer Art Silicon Valley an der Westsee. Tehnopol ist nicht zu verfehlen. Die Hochburg der Informatiker liegt an der Endstation diverser Buslinien, da, wo die sechsstöckigen Wohnblocks sowjetischer Bauart enden und die neuen Reihenhäuser stehen. Einen Wettbewerb in Städtebau würde dieser »Science Park« wohl nicht gewinnen. Für Schönheit und Springbrunnen war noch keine Zeit. Schlichte Nutzbauten, schnell hochgezogen. Pioniere haben keine Zeit zu verlieren – sie haben es eilig.

Dafür gibt es fünfhundert kostenlose Parkplätze und Räume für zweihundert Start-ups, dazu Mentoren, Coachings und Exportberatung. Export ist existentiell. Weil Estland ein so kleiner Markt ist, waren die Entwickler gezwungen, von Anfang an global zu denken.

Es ist nie zu spät, um Klischees an der Wirklichkeit zu überprüfen. Informatiker – das waren für mich Menschen mit Hornbrille, die tagelang am Rechner hängen, Cola Light trinken und blass um die Nase sind.

Am Telefon hatte mir der Geschäftsführer Raie versichert: »Wir sind offen, hier zählt Zusammenarbeit. Ich sage unseren Leuten immer wieder: Schreibt nicht bei jeder Kleinigkeit eine Mail. Redet lieber miteinander.« Die Offenheit, so scheint es mir, gilt aber nur für die Inhaber von elektronisch lesbaren Zugangskarten. In dieser neuen Welt gibt es keine offenen Türen mehr, durch die man einfach durchspazieren kann. Überall muss man seine Chipkarte zücken. Es dürfte ein Leichtes sein, Bewegungsprofile zu erstellen – und Pausenzeiten zu addieren.

Das Büro des Geschäftsführers Jaak Raie liegt direkt neben einem Fitnessstudio. An der Tür empfängt mich seine Assistentin, die ein T-Shirt mit der Aufschrift »Start up Angel« trägt. Jaaks Büro ist nicht auf Status angelegt. Die üblichen Insignien fehlen. Es gibt keinen massiven Schreibtisch, keine Ego-Wall und keine fünf Fenster. Er bugsiert mich in den Sitzungsraum, auch hier sind die Wände kahl, es sieht nach Provisorium aus, aber frischer Kaffee gehört dazu, auch wenn das Gespräch auf exakt dreißig Minuten terminiert ist und auch genau dann zu Ende geht. Die Kommunikation ist knapp und effizient, nicht unfreundlich und erfrischend. Es scheint, als ob Jaak (wir nennen uns beim Vornamen) demonstrieren will: Was man in Estland nicht in dreißig Minuten sagen kann, das sollte man auch gar nicht erst versuchen.

Jaak hat die Figur eines Athleten und könnte aus dem Stand auf den Tisch springen, wenn man ihn darum bitten würde. Erst war er Sportlehrer, dann Aufsichtsrat im staatlichen Rundfunk und eine Weile Sport-Bürgermeister von Tallinn und ist noch keine 40. Er trägt keinen Schlips und auch keinen Drei-Tage-Bart. Als persönliches Detail lässt er sich entlocken, dass er als junger Student an der Universität von Tartu auf die Barrikaden ging. Er wollte mit anderen Kommilitonen erreichen, dass das Internet auch im Schlafsaal installiert wurde. Das war 1997.

Esten haben ein Faible für einfache Lösungen, mit denen man schwarze Zahlen schreiben kann. Am Anfang steht häufig eine rebellische Regung, eine Portion Wut über Geldschneiderei und alte Monopole. So etwa bei Skype, das hier um die Ecke entwickelt wurde. Es waren Esten, die die Programme für Skype schrieben (und Dänen, die Skype dann auf den Markt brachten).

Warum weiter Geld ausgeben für teure Auslandstelefonate (vor einer Generation kostete ein Ferngespräch innerhalb Europa noch 60 Mark die Stunde, umgerechnet 30 Euro), wo doch die halbe Welt ohnehin im Internet verbunden ist. »Wir haben der Welt etwas Nützliches gegeben. Jetzt können alle umsonst telefonieren«, sagt Jaak.

Estland konnte sich neu erfinden, es gab wenig zu übernehmen aus der Erbmasse der Sowjetunion. »Wir hatten keinen Klotz am Bein, keine Schulden, keine Investitionen, die sich erst noch lange Jahre amortisieren mussten.« Warum konnte sich ausgerechnet die kleinste von fünfzehn ehemaligen Sowjetrepubliken so weit vorarbeiten?

So recht kann das niemand ganz erklären. Aber es gibt Vermutungen. Esten sind den Finnen nicht unähnlich, sagt Jaak Raie. Auch sie gelten als sehr effizient im Umgang mit dem Wort – wer nichts zu sagen hat, schweige. Das schafft Raum für intensive Leseerlebnisse und fördert vielleicht auch die Neigung zu technischen Lösungen im zwischenmenschlichen Bereich.

Estland konnte auch deshalb loslegen, weil Schweden und Finnland Rückendeckung gaben. Sie hatten ein natürliches Interesse daran, den kleinen Nachbarn auf der anderen

Seite der Ostsee auf ihre Seite zu ziehen. »Wir hatten starke Freunde«, sagt Jaak und grinst breit. »Aber wir sind schon selber unseres Glückes Schmied. Zumal die Nachbarn auch ihre eigenen Interessen verfolgten.«

Als Finnland sein uraltes analoges Telefonnetz erneuerte und auf digital umstellte, hätte Estland die Technik der siebziger Jahre umsonst übernehmen können. Aber Geschenke bedürfen bekanntlich der Annahme. Die Esten verzichteten und bauten ihr eigenes Digitalsystem.

1991 etwa hatte Estland kein Grundbuch. Jetzt gibt es ein digitales Grundbuch. Die Phase dazwischen – echte Akten aus Papier in Archiven – wurde einfach übersprungen.

2007 durften die Bürger schon online wählen. Nirgendwo gibt es mehr Existenzgründer pro Kopf der Bevölkerung. Parkgebühren zahlt man per Handy, und die Gesundheitsdaten liegen in der Cloud. Ausländer können eine »E-Residency«, eine Art elektronische Aufenthaltsberechtigung, bekommen und ein Gewerbe anmelden. Die estnische Steuererklärung passt wirklich auf einen Bierdeckel, und es dauert nicht länger als fünf Minuten, sie auszufüllen.

Größere Bedenken, alles in Netz zu verlagern, sind Jaak fremd. Achselzuckend sagt er: »Die Vorteile, alles im Netz zu erledigen, sind größer als die möglichen Gefahren durch Datenklau. Natürlich wird es Lecks und Pannen geben. Natürlich gibt es auch dort Bösewichte. Nichts im Netz ist anders als im wirklichen Leben.«

Estland entwickelte nicht nur Ideen, es kassierte auch. Der Verkauf von Skype 2005 an eBay spülte mehr als zwei Milliarden Euro in die Kasse estnischer Entwickler. Skypes erster Angestellter Taavet Hinrikus, der auch reichlich kassierte, hatte eine neue Idee. Die Wut auf die Banken und ihre Gebühren ließ ihn zusammen mit einem Freund ein neues Modell für Überweisungen erfinden. Der eine arbeitete in Estland, der andere in England. Sie schuldeten sich gegenseitig Geld und überwiesen die Summen über ihre Banken. Hätten sie das Pingpong weiter getrieben, hätten die üppigen Bank-Provisionen das Kapital irgendwann aufgefressen. Also entwickelten sie ein neues System. »Solange es Grenzen gibt und unterschiedliche Währungen, lässt sich mit Transfers Geld verdienen. Aber warum die Banken mästen?« Für die Idee eines neuen Transfer-Systems sammelten sie weltweit eine halbe Milliarde Euro an Risikokapital ein.

»Entscheidend ist der praktische Nutzen«, sagt Jaak. Vor seinem Fenster steht ein ausgedienter 18-Fuß-Seecontainer, den sechs Firmen zusammen ausgebaut haben. Kabellos, sechs Sitzplätze, selbstversorgend mit Solarversorgung auf dem Dach. »Den kann man überall in der Welt so hinstellen.«

Man merkt den jungen IT-Ingenieuren und Programmierern an, dass sie nicht nach Lösungen suchen für Probleme, die als solche noch gar nicht erkannt sind. Stattdessen fassen sie sich an die eigene Nase. Als man die Studenten von Tehnopol fragte, wovon sie träumten, nannten sie einen wetterfesten Arbeitstisch für die Wiese mit beheizbaren Sitzen, der ständig online ist.

»Wir haben es nun einmal das halbe Jahr kalt, die andere Hälfte nicht ganz so kalt«, sagt Jaak. Der Tisch wird bald in Serie gehen.

Zur Person: Nina Golikowa

Kontakte zu wichtigen Leuten fallen nicht vom Himmel.

Es ist höchste Zeit, ein paar Worte zu Nina Golikowa zu verlieren. Eine Russin in Estland – effizient, vulkanisch und ungeheuer erfahren. Was deutsche Zuschauer über Estland wissen, das wissen sie durch die Frau mit der Baskenmütze und den schicken Kostümen, und das von Anfang an.

Sie gehört 1989 – gemeinsam mit ihrem Mann Evgeni – zu den unabhängigen Köpfen unter den Russen in Estland, die das Sowjetsystem gründlich satthaben. Zwei Intellektuelle, halb zu Hause in Tallinn und immer auch ein bisschen fremd in diesem Land.

Ihr Mann Evgeni Golikow war für ein paar Monate der erste Botschafter Estlands in Moskau und später Berater zweier Ministerpräsidenten. Nina ist im Riesenreich der Sowjetunion geboren, 6800 Kilometer entfernt von Tallinn, und als junge Studentin aus Neugier an die Universität Tartu gereist. Von Beruf Germanistik-Dozentin, erklärte sie Generationen von ARD-Korrespondenten (vom legendären Gerd Ruge an) alles über Estland, was sie wissen müssen. Ihre Herkunft als Russin leugnet sie nicht, und nicht alle Esten wissen das zu schätzen.

Einer ihrer liebsten Streitgegner ist der erste Ministerpräsident von Estland, von dem im nächsten Kapitel die Rede sein wird.

Zweites Kapitel

Erfolgreich ohne Vorbilder und alle unter 25

»Es ist gut, wenn junge Leute an die Macht kommen. Sie wissen nicht, was nicht geht, und deshalb können sie schaffen, was eigentlich unmöglich ist.« Mart Laar, Estland, damals der jüngste Regierungschef Europas.

Der erste Gipfel

Kleine Länder haben Ängste, die großen Ländern fremd sind.

Etwa, dass sie verschluckt werden und 44 Jahre lang in Vergessenheit geraten. Dass ihre großen Nachbarn sich auf ihre Kosten einigen – wie geschehen im Hitler-Stalin-Pakt. Dass sich niemand ihren Namen merken kann und Estland mit Island verwechselt wird.

All das ist passiert. Kleine Länder müssen damit leben, dass man sie zunächst nicht für voll nimmt.

Mart Laar, frisch gewählter estnischer Premier, machte sich 1993 auf den Weg zum OSZE-Treffen in Wien.

Was er bei seinem ersten Gipfeltreffen trug, daran kann er sich ein Vierteljahrhundert später nicht mehr genau erinnern. Wie ein Staatsmann sah er wahrscheinlich nicht aus. Ein stämmiger Mann mit einem Kinnbart und einer Stimmlage vom Tenor bis ins Falsett. Ein Bürgerrechtler und Senkrechtstarter in seinem Land, frisch an der Macht, aber ohne deren Insignien, höchstwahrscheinlich mit praktischen Schuhen an den Füßen und zwei Tragetaschen mit Dokumenten links und rechts.

»Ich hoffe, dass ich damals einen Anzug trug, aber ganz sicher bin ich mir nicht.« Mart Laar empfängt in einem holzgetäfelten Zimmer in der Nationalbank von Estland, in einem Dreiteiler aus dunklem Tweed, perfekt gekleidet vom Scheitel bis zur Sohle. Mart Laar war zweimal Ministerpräsident und ist eine Schlüsselfigur des estnischen Aufbruchs. Niemand machte ab 1991 so viel Tempo wie er. Es war eine Rosskur, die er seinen Landsleuten verordnete: Verkauf der volkseigenen Betriebe an Investoren (vorwiegend aus Skandinavien und Deutschland), schlanker Staat, magere Sozialleistungen, Internet und Flat Tax. Sein Lehrmeister, der marktradikale Ökonom und Nobelpreisträger Milton Friedman von der sogenannten Chicago School, durfte sich freuen, dass ein – wenn auch kleines – Land seine Ideen an der eigenen Bevölkerung ausprobierte. Woanders – wie in Chile oder unter Reagan in den USA – verbreiteten diese Rezepte vor allem soziale Kälte und machten die Reichen noch reicher.

Es muss wohl an dem besonderen Menschenschlag der

Esten gelegen haben, dass die Theorie hier einen Aufschwung für fast alle auslöste. Esten haben das Talent, einen Wagen auch im Fahren zu reparieren.

Wenn Mart Laar sich an seine ersten Gehversuche auf internationalem Parkett erinnert, schmunzelt er. Das war im Jahr 1993 in Wien, bei der Konferenz für Sicherheit und Zusammenarbeit OSZE, der Brücke zwischen Ost und West. Aber damals musste er schon manchmal schlucken. Der gelernte Historiker hatte gerade die Sowjets aus Estland verabschiedet. Mart Laar stammt aus der Umweltbewegung, immer mit einem Bein im Gefängnis, Chef der Unabhängigkeitsbewegung, dann mit 32 der damals jüngste Ministerpräsident Europas. Er erinnert sich noch an ungläubige Blicke an der Eingangstür zur OSZE-Konferenz, als er sich vorstellte. Eine Offizielle konnte ihr Erstaunen nicht verbergen, und Mart Laar kann ihren ungläubigen Ton bestens imitieren.

»Diese Frau schaut mich an: ›Und Sie sind der Ministerpräsident von Estland‹?«

Es war dann Carl Bildt, der damalige schwedische Außenminister, der Mart Laar und seine beiden Ministerkollegen rettete. Bildt deutete mit dem Finger auf die drei Männer und sagte zur Einlasskontrolle: »Diese Gestalten da, das sind der Verteidigungsminister, der Finanzminister und der Premier von Estland.«

Mart Laar ist kein jugendlicher Gipfelstürmer mehr, sondern ein gestandener Mann um die sechzig, der nach einem Schlaganfall wieder langsam reden und gehen lernt. Sein Selbstvertrauen hat nicht gelitten. Auf die Frage nach

Erfolgen und Misserfolgen in Estlands jüngerer Geschichte sagt er frei von falscher Bescheidenheit: »Eigentlich ist alles gelungen. Und mehr als das. Mit dem Beitritt zur Europäischen Union und zur Nato hätten wir nicht gerechnet.«

Zu den Zufälligkeiten des Lebens sagt er grinsend:

»Ich hatte eigentlich nicht vor, Ministerpräsident zu werden. Es ist so passiert.«

Es ist fast ein bisschen monoton, die Liste all derer aufzuzählen, die in jungen Jahren schon ganz nach oben gekommen sind. Es ist normal, dass der Gesundheitsminister noch nicht mal dreißig, der Regierungschef noch nicht vierzig ist und die Präsidentin Kersti Kaljulaid unter fünfzig ist. Die junge Garde bleibt am Ruder. Was nur machen die Alten?

Der Richter: Wenn der Chef halb so alt ist

Pavel Gontscharow lebt nicht mehr in Narva, der Hochburg der Russen in Estland. Er hat Karriere gemacht und leitet eine Kammer im Berufungsgericht in Tallinn. Er ist mit seinem Büro jetzt in den Straßenzügen angekommen, von denen aus regiert wird. Einen Block weiter liegt die Nationalbank, wo Mart Laar den Aufsichtsrat der Nationalbank leitet, schräg gegenüber sind Oper und Konzerthalle. Er hat Narva den

Rücken gekehrt und wohnt jetzt mit seiner Frau, einer Richterin, und zwei Töchtern in der Hauptstadt.

Ein kluger Mann, voll Witz und Verstand, der wahrscheinlich überall aufgestiegen wäre. Sein Nachname weist ihn als Euro-Russen aus.

Pavel Gontšarov (die russische Schreibweise) oder Gontscharow (so die westliche) gehört wie Mart Laar zu einer Gruppe von jungen Leuten, die sich im Jahr 2003 über Freuden und Leiden von Senkrechtstartern interviewen ließen. Estland machte sich gerade auf den Weg in die Europäische Union. Die Interviews für die ARD-Auslandssendung »Weltspiegel« sollten deutsche Zuschauer mit den neuen EU-Mitgliedern bekannt machen.

Ein bisschen frischer Wind konnte ja nicht schaden, und die Neugier auf die Neuen war groß, so dachte man in den Heimatredaktionen.

Als wir ihn trafen, fuhr Pavel den Dienstwagen selbst. Der neue oberste Richter in Estlands drittgrößter Stadt sah noch sehr unverbraucht aus. Schwarze Robe, weißes Beffchen, Bürstenhaarschnitt.

Der Saal erinnerte an die Zeiten, die Estland lieber hinter sich lassen wollte. Kahl, kaltes Licht aus blanken Neonröhren, harte Bänke. Die Prozessgegner hatten ihre Jacken und Pelzmützen gar nicht erst abgelegt, die Beklagte guckte trotzig und ein bisschen ängstlich, wie sie da auf der Bank klebte im Kostüm und mit frischer Dauerwelle. Und vorne saß ein junger Mann, der gut auch ihr Sohn hätte sein können, und präsidierte.

Pavel Gontscharow war damals mit gerade erst 29 Jahren oberster Richter am Stadtgericht von Narva. Die Esten hatten sich in nur wenigen Jahren an vieles gewöhnen müssen, an neue Gesetze und neue Gesichter. Die alte Führungsschicht hatte ausgedient. Und damit auch die alten Paragraphen. Hier wurde nun europäisches Recht gesprochen.

Der Neue hatte es von der Pike auf gelernt – in England. Pavel Gontscharow war damals noch keine dreißig und hatte schon eine beachtliche Laufbahn hinter sich.

»Ich war sechs Jahre Staatsanwalt und vorher ein Jahr Richter.« In sowjetischen Zeiten wäre es undenkbar gewesen, dass einer den Ton angab, nur weil er einfach kompetent war. Pawel Gontscharow stellte die Alterspyramide auf den Kopf. Seine Kollegen ließen ihn das auch spüren. In den Notizen zum Dreh von damals liest sich das so: »Seine Beisitzer sind zwei Männer und eine Frau als Schriftführerin. Einer von ihnen hat den Habitus des ewigen Stellvertreters. Er ist ein äußert korrekt angezogener Mann Anfang fünfzig und arbeitet schon seit zwei Jahrzehnten am Gericht von Narva. Was er trägt, ist Ton in Ton, grauer Anzug, schwarze Krawatte mit weißen Streifen, er hat tiefe Geheimratsecken und einen gut sichtbaren Goldzahn. Er verzieht keine Miene und sagt, Pawel Gontscharow fehle zwar die Lebenserfahrung, aber fachlich hätte er keine Einwände.«

Nach dem Dienst setzte sich Pavel Gontscharow in sein Auto und fuhr durch die geraden Straßen und Plattenbauviertel nach Hause. Er ist hier geboren, seine Mutter leitete eine Schule, und sein Vater war Ingenieur.

»Es ist gut, dass wir damals reinen Tisch gemacht haben«,

sagt Gontscharow im Rückblick. Zehn Jahre war er Vorsitzender Richter im Osten des Landes. »Einige meiner Richterkollegen kamen aus der sowjetischen Polizei und waren derart korrupt, dass sie abgesetzt wurden. Eine Schande für den Berufsstand.«

Kriminell waren nur wenige. »Erstaunlich aber war, wie sehr sich die älteren Kollegen gegen alles stemmten, was neu war, und alle Energie darin steckten, Reformen zum Scheitern zu bringen.«

Möglich, dass seine Karriere ein bisschen früh begann? Ein spitzbübisches Lächeln legt sich über sein Gesicht. »So eine Chance bekommt man nur einmal.«

Der Banker: Niemand über 25

Einer, den der rasante Aufstieg der kleinsten baltischen Republik ganz nach oben getragen hat, ist der Banker Rain Lõhmus. Ihm kam entgegen, dass es auch in der Sowjetrepublik Estland keine Bank für Privatleute gab. Also gründete er mit zwei Freunden die »Hansabank«. Wir durften ihn damals auf dem Weg nach oben begleiten, im gläsernen Aufzug 23 Stockwerke immer aufwärts im gläsernen Wolkenkratzer über der Altstadt von Tallinn. Ganz oben hatte er sein Büro und freien Ausblick auf die Ostsee und – bei klarem Wetter – auf die finnische Hauptstadt Helsinki auf der anderen Seite.

Keins der baltischen Länder hat den sowjetischen Geist so gründlich ausgetrieben wie Estland. Das ging auf Kosten der alten Kader, die Karriere im Sozialismus gemacht hatten. Die Jungen griffen nach der Macht und stellten vor allem Altersgenossen ein. Rain Lõhmus hatte mit Anfang dreißig seine Anteile für zehn Millionen Euro an eine schwedische Großbank verkauft.

Als er sein Studium begann, hieß es noch »Planwirtschaft«, am Ende dann »Business Administration«, und so bescheiden, klug und bodenständig er auch wirkt, in seiner Personalpolitik war er knallhart. »Wir haben nur Leute unter 25 eingestellt. Die brachten wenigstens keine falschen Einstellungen mit.«

»No wrong attitudes«, stellte er nüchtern fest. Wie er das so sagt, ist klar, dass das Soziale, also Gewerkschaften und Tarifverträge, Kündigungsschutz und Mindestlohn, keine Anhänger haben unter der Jungen Garde. Und tatsächlich war Estland eines der ersten Länder mit einem niedrigen und einheitlichen Steuersatz für alle.

Der Kollaps der Sowjetunion war wie ein Dammbruch. Die Sowjetunion war auch eine Ballung aufgestauter Energie. Endlich durften sich – wenigstens einige – Menschen austoben.

Der Banker führte uns an den Rand von Tallinn in seine Villa in Meeresnähe, parkte seinen schweren Mercedes und begrüßte seinen Hund, einen Boxer, der sabbernd an ihm hochsprang.

Zum Zeitpunkt unserer Begegnung zählte Rain zu den zehn reichsten Männern des Landes, kam aber ohne Leibwächter aus. Es gab eine Zeit, da war das anders, erklärte er, während er es sich auf einem Seidensofa gemütlich macht und seinen Boxer kraulte, dem die Spucke aus dem Maul hing.

»Heute gibt es Regeln, Gesetze und Verträge. Heute braucht man gute Rechtsanwälte. Die sind aber zehnmal so teuer wie damals die Leibwächter.«

Abends gingen Rain und seine Frau immer noch gerne aus, aber statt der verrauchten Kellerlokale waren es gehobene Restaurants.

Sie trafen sich auf dem historischen Markplatz mit zwei Freunden und redeten über die alten Zeiten. Sie erschienen in Sweater und mit Sneakers, locker verkleidete Erwachsene, die mit dem Problem umgehen müssen, dass sich ihre Träume schon früh erfüllt haben. Sie tranken gute Weine, die Musik war gedämpft, der Service kam auf leisen Sohlen. Einer der Freunde, der sein Geld mit Immobilien gemacht hatte, sagte:

»Früher hab ich das Establishment bekämpft. Heute bin ich selbst ein Teil davon. Das ist ziemlich langweilig.«

Wenn man solche Sätze hörte, war es kein weiter Weg bis zu Kurt Tucholsky, der einmal schrieb: »Meine Probleme möchte ich haben.«

Rain Lõhmus ist in die Schweiz gezogen und liest von dort aus seinem Heimatland die Leviten. Estlands Anteil an der Weltwirtschaft sei gesunken, viel zu viele Vorschriften vor allem aus Brüssel bremsten das Wachstum. Manchmal klingt er wie eine jüngere Ausgabe von Donald Trump. Anders als den mehrfachen Pleitier Trump hat Lõhmus sein Instinkt für Geldvermehrung bislang nicht verlassen. Sein Investmentfonds verzehnfachte das eingesetzte Kapital.

Die Zwillinge Anu und Kadri: Mit dreißig ein eigenes Orchester

Die beiden Damen sitzen auf dem Sofa am Fenster mit Blick auf Oper und Konzerthalle in Tallinn und rühren im Tee.

Der Ort des Treffens ist mit Bedacht gewählt. Dort unten begann vor etwa 15 Jahren ihre Karriere, ein Unikum. Wo sonst gibt es das sonst? Zwei Dreißigjährige mit eigenem Symphonieorchester. Anu Tali dirigierte, ihre Zwillingsschwester Kadri managte das finnisch-estnische Symphonieorchester. Die beiden sind blond, zierlich, energisch, blitzschnell und bildhübsch. Wenn man sie ein paar Jahre kennt, kann man sie auch mühelos auseinanderhalten.

Kadri hat die etwas tiefere Stimme. Sie sagte damals voller Stolz: »Wir bekommen gar nichts vom Staat – und das wollen wir auch nicht. Wir haben Unterstützer.«

Einer davon – so kann man annehmen – war Banker Lõhmus. Für großzügige Geldspenden ist er bekannt, zuletzt schenkte er Aktien im Wert von einer Million Euro an den Fonds der estnischen Musik.

Der Banker sponsert nicht zufällig die Gleichaltrigen. Zwilling Anu sang damals die Hymne des Jugendkultes.

»Hier ist etwas Einzigartiges passiert. Estland war verrückt genug, uns einfach machen zu lassen. Estland hat die Geduld, zu sehen, was sich entwickelt. In eher traditionellen Ländern wie England oder Deutschland wäre das nicht denkbar.«

Das Orchester lebt damals wie heute vom Goodwill der neunzig Musiker, die aus allen Teilen Europas viermal im Jahr zum Üben nach Tallinn kommen.

Das Orchester besteht noch immer, aber eine der beiden Schwestern – Kadri – ist eigene Wege gegangen und leitet jetzt den Chor der finnischen Oper in Helsinki.

Die beiden haben steile Karrieren gemacht – als Frauen in einer Männerdomäne – und Familien gegründet. »Die Zeiten sind etwas ruhiger geworden. Der Generationenmix ist jetzt gesünder. Der Jugendkult hatte auch was von Hysterie«, sagt Kadri.

Dann richten sie sich auf dem Sofa auf und versichern unisono: »Wir denken keinen Moment daran, abzutreten.« Es passt ganz gut, dass in ihrem Blickfeld die beiden wichtigsten Plätze klassischer Musik liegen, Oper und Konzerthalle.

Kadri fügt nachdenklich hinzu: »Jugend an sich ist kein Argument. Wenn man die alten Bäume ausreißt, kann man nur verlieren. Das Wissen der Großeltern zählt. Wir können das Rad nicht zweimal erfinden.«

Ihr großes Thema ist die Sorge, dass ihr Heimatland Estland sich gute Ideen zu schnell aus der Hand nehmen lässt und andere Nationen einfach forscher in der Vermarktung sind.

Nach Beispielen gefragt, kommt das Wort »Skype« wie aus der Pistole geschossen.

Und – gefragt, ob Estland die Spitzenposition halten kann, kommt das Gespräch schnell auf Finnland, das auch mal als das technologische Wunderkind galt und dann die Entwicklung zum Smartphone verschlief.

Drittes Kapitel

Ein Hauch von Bullerbü im Seebad der Zaren

Wer in das Küstenstädtchen Haapsalu kommt und auf der Pier steht, meint, in Schweden gelandet zu sein. Das ist kein Zufall, wer hoch genug klettert, kann Gotland sehen. Und weiter rechts dann auch Dalarö, die Zollstation vor Stockholm. Das ist der Weg, den Ilon Wikland mit vierzehn Jahren allein angetreten ist. Ihre Großeltern hatten gesagt: »Rette du dich, wir sind zu alt, wir bleiben hier.« Und ihr einen Koffer in die Hand gedrückt. Das war 1944.

Die schwedische Minderheit floh fast komplett, dorthin, wo ihre Vorväter und Mütter hergekommen waren, zurück ins Mutterland. Mit ihr gingen alle Kapitäne und Schmuggler und Schnapsbarone, für die im Sowjetreich keiner mehr Verwendung hatte. In den Flüchtlingsstrom mischte sich ein junges estnisches Mädchen: Ilon Wikland, geboren als Ilon Pääbo am 1. Dezember 1930 in Tartu.

Ilon Wikland kommt jetzt wieder häufiger nach Haapsalu. Wenn man Glück hat, kann man sie erleben, wie sie an der Straße vorbeistreift, in der ihre Großeltern in einem gelben Holzhaus lebten, die Kirche besucht haben, in der der Großvater Küster war, oder versonnen in einer Ecke ihres Museums »Ilons Wunderland« sitzt und die jungen Besucher zeichnet. Ihr Leben lang hat sie ihre Modelle dem Alltag entnommen. Für »Lotta aus der Krachmacherstraße« dienten die eigenen Töchter als Vorbild.

So entstanden die bekanntesten Figuren der Kinderbuchliteratur. Aus ihrer Feder stammen »Die Kinder von Bullerbü«, »Mio, mein Mio«, »Karlsson vom Dach« und »Ronja Räubertochter«. Über 40 Jahre lang hat sie mit Astrid Lindgren zusammengearbeitet.

Eine lange, lange Reise

Ilon Wikland ist Jahrgang 1930 und noch immer eine beeindruckende Erscheinung mit vollem weißen Haar und wachen blauen Augen. Den aufrechten Gang und die resolute, klare und schnörkellose Sprache hat sie sich bewahrt. Manchmal empfängt sie Besucher in ihrem schwedischen Exil, das ihr schon lange zur zweiten Heimat geworden ist. »Ich bin eine halbe Schwedin«, sagt sie in makellosem Schwedisch, während sie durch ihre zweigeschossige Atelierwohnung über den Dächern von Stockholm führt, mit Teddybär und Schmusehund auf der Treppe, unzähligen Skizzen und Aquarellen auf Staffeleien und an den Wänden und einer Kollektion von Lesebrillen. Das unbegleitete Flüchtlingskind von damals ist heute Oberhaupt einer großen Familie mit zehn Enkelkindern und drei Urenkeln.

Ihre Lebensgeschichte gibt es auch als Bilderbuch, gleich das erste Bild geht sofort ins Herz. Ein Sinnbild des verlassenen Kindes, mutterseelenallein am Gleis. Große blaue Augen mit traurigem Blick, die Mundwinkel nach unten gezogen, im blauen Kleid mit rotem Mäntelchen, den Koffer neben sich, den Hund an der Leine. Wie alle Bilder von Ilon Wikland erzählt es eine Geschichte. Die berühmte Illustration ziert die 1996 erschienene Autobiografie »Die lange, lange Reise« (Text: Rose Lagercrantz) und hilft, sich in das Seelenleben einsamer Kinder auf der Flucht einzufühlen.

Den Bahnhof gibt es noch heute im ehemaligen zaristischen Kurort Haapsalu, ein Prachtwerk der Schnitzkunst, Hunderte Meter lang und mit Blick auf die Ostsee. Als er gebaut wurde, endete hier die Bahnlinie für die vornehmen Gäste aus St. Petersburg. Der überdachte Bahnsteig war so bemessen, dass der Zar und Gefolge aussteigen konnten, ohne nass zu werden. Es gehörte zum guten Ton für den Hof, hier ein paar Sommerwochen zu verbringen oder zu kuren. Was sie lockte, war warmes Badewasser dank flacher Strände und die Schlammbäder des deutsch-baltischen Mediziners Carl Abraham von Hunnius. Ihm war aufgefallen, dass die örtlichen Bewohner ihre Gesundheitsprobleme mit Seeschlamm linderten.

(Der Badearzt von Hunnius ist übrigens Urahn von Herbert Grönemeyer, der seinerseits schon im Kurhaus von Haapsalu aufgetreten ist.)

Heute sind die Gleise leer bis auf ein paar historische Passagierzüge und Lokomotiven. Esten wären nicht Esten, wenn sie zu den Oldtimern nicht auch ein paar Viehwaggons gestellt hätten, in denen die Sowjets damals die estnische Elite nach Sibirien verfrachtet haben.

Ilon reiste kurz vor Ausbruch des Zweiten Weltkrieges mit dem Zug aus der Hauptstadt Tallinn in den Kurort Haapsalu zu den Großeltern. Aber nicht in die Ferien, sondern auf unbestimmte Zeit. Die Eltern hatten sich nach ihrer Trennung nicht um das Kind gekümmert – die Mutter zog nach Italien, und der Vater heiratete neu –, und so kam Ilon zu den Großeltern.

Ilon wartete am Bahnhof auf die Großeltern, aber die kamen nicht. Sie wussten nämlich gar nichts von der Ankunft, der Brief war noch unterwegs und sollte erst zwei Tage später ankommen. Ilon war klug. Sie nahm sich eine Droschke. Der Kutscher wusste natürlich, wo die Großeltern wohnen, direkt an der Kurpromenade hinter der orthodoxen Kirche.

Es begann die glücklichste Zeit des Kindes Ilon. Es hatte Tito, seinen großen Hund mit dem schwarz-weißen Fell als treuen Begleiter, hinterm Haus gab es einen Garten mit Himbeersträuchern, es konnte mit Tito durch die Straßen streifen und jene Mischung aus Geborgenheit und Freiheit genießen, in der laut Astrid Lindgren Kinder am besten gedeihen. Papier, Stifte und Farben hatte Ilon immer zur Hand. Die Familie war musisch, der Großvater baute Geigen: »Wenn ich anfing, Geige zu spielen, verließ Großvater immer das Zimmer.« Als der Winter kam und die flachen Ostseebuchten vor

Haapsalu über Monate zufroren, drehte auch Ilon mit ihren Freundinnen Runden auf dem Eis und träumte davon, einmal Eisprinzessin zu werden. Doch dieser Wunsch ging nicht in Erfüllung. »Ich beschloss, lieber beim Zeichnen zu bleiben.«

Die Großeltern gaben ihr, was ihre Eltern hatten missen lassen. Doch dann kam der Krieg auch nach Haapsalu. Eines Tages verschwand Tito, der Hund. Soldaten der Roten Armee hatten ihn erschossen. Es waren chaotische Jahre.

Nach dem Ende der Republik wechselten sich die Besatzer ab. Erst kamen die Russen und lösten eine Fluchtwelle aus. Ilons Großeltern hatten die erste russische Okkupation 1940 miterlebt.

»Ilon war einer von mehr als achtzigtausend Flüchtlingen, die Estland 1940–45 Richtung Deutschland oder Schweden verließen.«

Ein großer Aderlass für ein kleines Land, berichtet Anton Pärn, der Direktor von Haapsalus Museen, einer der Vertrauten von Ilon Wikland. Sie hat ihn gebeten, mir die Stätten ihrer Kindheit zu zeigen, besonders da, wo sie sich mit der Zeitgeschichte deckt. »Die Sowjets deportierten 1941 mehr als zehntausend Menschen, die für die damalige Gesellschaft sehr wichtig waren. Selbstständige Bauern, Lehrerinnen, Offiziere und Politiker, einzeln und mitsamt ihrer Familien bis hin zu den Kleinkindern. Das war ein Schock für diese kleine Gesellschaft«, sagt Pärn. Nach den Russen kamen die Deutschen, und sie wurden von vielen anfangs als Befreier begrüßt. Die Enttäuschung kam später. Als dann die Rote Armee zum zweiten Mal kam, um dann 44 Jahre zu bleiben, entschieden ihre Großeltern: »Ilon muss gehen. Wir sind alt. Wir bleiben einfach hier.«

»Die neue Macht hat sie in Ruhe gelassen«, sagt Anton Pärn, und in diese zwei Wörter, »neue Macht«, legt er die ganze Erfahrung eines kleinen Landes, das Jahrhunderte lang Spielball der Großmächte war.

Erst Butterbrot, dann Dusche

Ilon Wikland landete drei Tage später als Deckspassagier eines überfüllten Fischkutters in Schweden. Mit einem anderen Mädchen hatte sie sich aufs Vordeck gesetzt. Bei dem Kutter hatten die Sowjets beide Augen zugedrückt, und er hatte auch mehr als die übliche Ration von einem Liter Benzin bekommen. Noch heute erinnert sie sich ganz genau.

»Die Reise dauerte mehrere Tage. Es waren etwa 200 Menschen mit an Bord. Das Wetter war wirklich schlecht. Es war stürmisch. Wir hatten Angst vor russischen und deutschen Kriegsschiffen. Wir waren sicher, dass sie uns versenken würden. Als wir dann ein paar Tage später ein großes Schiff sahen, fragten wir uns, was wohl passieren würde, wenn es ein russisches oder deutsches Schiff wäre. Aber es war ein schwedisches Schiff.«

In Schweden angekommen, bekam Ilon erst mal ein Butterbrot, dann wurde sie zur Entlausung geschickt – in dieser Reihenfolge. »Da wusste ich, dass ich im richtigen Land gelandet bin«, sagt sie und strahlt in Erinnerung an den Empfang in der Zollstation von Dalarö, östlich von Stockholm.

»Sie gaben uns Butterbrote und Schokolade. Diese Butterbrote waren das Beste, was ich je gegessen habe. Der Empfang war sehr warmherzig, ich dachte, ich müsste die Erde küssen. Ich hatte es geschafft.«

Sie hat oft über das Dilemma ihrer Großmutter nachgedacht:

»Meine Großmutter tut mir leid, wenn ich daran denke, wie sie sich gefühlt haben muss, als sie mich an den Strand brachte, um mich aufs Boot zu setzen. Sie kam nicht mit. Sie war mir wie eine Mutter geworden. Sie hatte den Mut, mich allein wegzuschicken.«

Das Trauma der Flucht und die Erfahrung, von allen Wurzeln abgekappt zu sein, stürzten Ilon – nun, da die lange Reise hinter ihr lag – in Stockholm in eine existentielle Krise. Sie war lange krank und »zeichnete sich langsam zurück ins Leben«, wie sie es nennt.

Aus dem Krankenhaus zog sie zu ihrer Tante Valentina Laroche, einer Künstlerin. Sie wurde Stammkundin in der Bücherhalle um die Ecke, lernte mithilfe der Bücher Schwedisch und besuchte die Stockholmer Kunstschule.

Es gab Versuche beider Elternteile, sie wieder zu sich zu holen. Für die Mutter zog sie 17-jährig ein halbes Jahr nach London, wo diese mit ihrem neuen Mann lebte. »Wir konnten nie wieder diese Mutter-Tochter Beziehung herstellen. Wir hatten wohl nie eine gehabt. So war es einfach.«

Der Vater fand sich nach dem Krieg auch in Schweden ein, mit neuer Frau. Auch er wollte Ilon zu sich holen. Sie sollte bei ihm wohnen und das Gymnasium in einer kleineren Stadt südlich von Stockholm besuchen. Aber Ilon wollte lieber weiter an der Kunstschule bleiben, Kataloge zeichnen, ihr eigenes Geld verdienen und in ihrem eigenen Zimmer wohnen. Der Vater akzeptierte.

1953 wurde die erste Tochter geboren. Ihr Mann war Seemann, und sie hatten nicht viel Geld. Mit der Tochter auf dem Arm und den Zeichnungen in der Tasche ging sie zu einem Verlag.

»Zum Glück arbeitete dort schon Astrid Lindgren. Ich zeigte ihr meine Zeichnungen und sagte: ›Bitte, bitte, wenn ich nur irgendwas zeichnen könnte, egal was.‹« Ilon Wikland macht vor, wie sie damals die Hände gefaltet und alles in diese Bitte hineingelegt hatte.

Astrid Lindgren arbeitete beim Verlag Rabén & Sjögren als Lektorin in der Kinderbuchabteilung.

Zu der Zeit hatte Astrid Lindgren gerade »Mio, mein Mio« fertig geschrieben, und ihre Illustratorin, die Dänin Ingrid Vang Nyman, die Pippi Langstrumpf gezeichnet hatte, war krank geworden und konnte nicht mehr zeichnen.

Astrid Lindgren ließ Ilon Wikland die ersten Proben zeichnen und später dann das ganze Buch.

Ein Bild zeigt die beiden: Ilon sitzend am Tisch über Entwürfen, Astrid beugt sich über sie und fasst sie freundschaftlich an der Schulter.

»Danach bin ich nie wieder ohne Arbeit gewesen. Wir wurden gute Freunde. Ich konnte sie immer anrufen. Immer, wenn ich an einem ihrer Bücher arbeitete und ihr Entwürfe zeigte, fragte ich sie, wie sie sich die Figuren vorstellte. Und so erzählte mir Astrid vieles, damit ich mehr erfuhr als das, was im Buch stand.«

Astrid Lindgren ließ ihr aber – fast immer – die Freiheit. Kleine Nachbesserungen wie bei »Ronja Räubertochter«, die im ersten Entwurf deutlich zarter aussah, mal ausgenommen.

»Sie sagte mir nie, wie die Figuren oder Ereignisse auf den Bildern aussehen sollten.«

Vierundvierzig Jahre – während der ganzen Sowjetzeit – gab es für Ilon Wikland kein Zurück nach Estland. Doch nach 1989 machte sie sich schnell auf die Reise, polierte ihr Estnisch auf und beschenkte 2006 ihr Heimatland mit rund 800 Originalzeichnungen. Haapsalu und das estnische Kultusministerium revanchierten sich mit einem Museum für die berühmte Heimkehrerin, nur einen Steinwurf entfernt vom Haus ihrer Großeltern.

Bullerbü von Estland?

Ilon Wikland hatte zweifellos Haapsalu im Herzen, als sie in Schweden anlandete. Wie es der Zufall wollte, schuf sie, die Estin, das ultimative Schwedenbild: die drei Höfe von Bullerbü.

Möglich ist, dass sie sich bei den Illustrationen die alte Heimat von der Seele malte und damit die alte und die neue Heimat unter einen Hut brachte. Denn wer durch die Kopfsteinpflastergassen von Haapsalu streift, meint, in Schweden zu sein. Die Farben, die Holzhäuser in königlich gelb, ochsenblutrot und lindgrün und die kleinen Höfe, die Ziehbrunnen und Eichenkähne.

Es gibt Besucher, vor allem aus Deutschland, die eine besondere Beziehung zu Bullerbü pflegen und dies nun in Ilon Wiklands Heimat entdecken.

Im Gästebuch von Ilons Museum finden sich Einträge von deutschen Touristen: »Hier hab ich das wahre Bullerbü gefunden.«

Anton Pärn, der Museumsdirektor, nimmt das philosophisch.

»Für Esten ist das eine Überraschung, so haben wir das bisher nicht gesehen und wären auch nie auf die Idee gekommen«, sagt er und lächelt verschmitzt. »Es gibt wahrlich schlechtere Vergleiche.«

Viertes Kapitel

Die starken Frauen von Kihnu und ihre Männer

Mare Mätas hat vier Kinder, zwei Motorräder russischer Bauart, einen Abschluss in Jura, einen Mann, der zur See fährt, ein knallgelbes Holzhaus mit roten Fenstern – und steht mitsamt ihrer Tradition unter dem Schutz der UNESCO.

Mare Mätas wohnt in einem von vier Dörfern der Insel Kihnu zwischen Weiden und Wald. Die Nachbarn sind in Sichtweite, zusammen bilden sie drei Höfe, wie in Bullerbü. Bei so viel Nähe bleibt wenig Platz für Privates. »Alle wissen alles voneinander«, seufzt Mare und zieht das Kopftuch gerade. »Kaum ist auf Kihnu ein Kind unterwegs, rätseln schon alle über seinen Charakter.«

Ein typisches Dorf also, aber mit recht ungewöhnlichen Menschen. Und nicht unbedingt das, was man im digitalen Vorreiterland E-Estonia erwarten würde.

Wenn Mare der Inselkoller überfällt, setzt sie sich auf eines ihrer beiden alten Motorräder vom Typ Ural Dnepr K750 und braust damit ihre Insel rauf und runter. Das Eiland ist sieben Kilometer lang und drei Kilometer breit. Das eine Gefährt ist rot, das andere blau, und eins von beiden springt auch an – meistens.

Mare hat einen Motorradführerschein und sogar einen Helm. Die Hälfte der Inselbewohner hat weder das eine noch das andere und fährt trotzdem.

»Die Männer mögen alles, was illegal ist: Jagen ohne Jagdschein, Fahren ohne Führerschein und Alkohol am Steuer. Alles, was wir Frauen mögen, ist legal: Singen und Tanzen und Weben.«

Wenn man mit ihr im offenen Seitenwagen unterwegs ist, ziehen Wälder und Buchten vorbei, man sieht hundert Holzhäuser in leuchtenden Farben, zwei Dutzend Fischerboote und einen Leuchtturm, reichlich Schafe und Kühe und als größtes Wildtier der Insel ab und zu einen scheuen Fuchs. Kihnu hatte mal tausend Einwohner zu Sowjetzeiten, jetzt sind es noch fünfhundert. Es gibt eine Kirche, ein Museum, einen Dorfladen, ein Postamt und eine Schule mit siebenunddreißig Schülern. Nur eine Polizeiwache gibt es nicht.

Die Zentralgewalt ist weit und wird auch nicht vermisst. Gericht und Gefängnis liegen in Luftlinie fünfzig Kilometer entfernt übers Meer in der Stadt Pärnu.

Mare lacht bei dem Gedanken an den einsamen Insel-Polizisten Anfang der neunziger Jahre. Vergeblich hatte er versucht, die Einwohner auf die Gesetze Estlands zu verpflichten. Kihnu hat eigene Regeln. Einer passt auf den anderen auf, und Männer, die ihre Frauen schlagen, wurden früher zur Besinnung in den Brunnen gehängt.

Offene Rechnungen etwa zwischen Männern werden auch

heute noch mit einem Faustkampf beglichen. »Dann ist die Luft rein und die Sache geklärt«, sagt Mare. Die Weihnachtszeit bietet sich für solche Aussprachen an. Dann besuchen sich die Insulaner wechselseitig und bewirten sich mit Bier. Ein Vorrat von 40 bis 60 Litern pro Haushalt gilt als angemessen. Die Polizei würde bei solchen Treffen nur stören.

Mare, die ja Recht studiert hat, weiß natürlich, dass das Faustrecht auf dem Festland aus der Mode gekommen ist.

Es gewinnt ja nicht unbedingt der, der im Recht ist. Aber auf Kihnu gelten eben andere Regeln.

Das letzte Matriarchat

Mare hat in der Sommersaison kaum eine ruhige Minute, seit eine französische Zeitung über Kihnu geschrieben hat, dies sei das letzte Matriarchat Europas, und Bilder von ihren drei jüngeren Kindern im Seitenwagen um die Welt gingen. Seitdem strömen die Besucher. Mare Mätas ist Leiterin des Kulturzentrums (das sie 2007 selbst gegründet hat) und seither eine Art ehrenamtliche Außenministerin von Kihnu.

»90 Prozent der Deutschen kommen, weil sie sich für unsere Motorräder interessieren. Fast alle Japaner wegen unserer Trachten, und Franzosen, weil sie nach dem Matriarchat suchen.« Mare macht eine Pause. »Einige Leute hier fanden den Artikel über Kihnu als das letzte Matriarchat gar nicht lustig.« Trifft die Beschreibung denn zu?

»Nein, das mit der Frauenherrschaft ist übertrieben. Aber wir Frauen sind stark. Wir sind die Träger der Kultur seit Generationen. Das haben wir seit 2008 Schwarz auf Weiß von der UNESCO.«

Jedes Mal, wenn sie vor die Tür geht, legt sie ein Kopftuch über und knotet es unter dem Kinn zusammen. Es ist Ende Oktober, der Mischwald steht in allen Farben, vom Meer weht ein frischer Wind.

Ist das Kopftuch gegen die Kälte – oder ist es eure Kultur?

»Wir Frauen von Kihnu bedecken unsere Haare, wenn wir außerhalb des Hauses sind, und die Schürze zeigt an, dass ich eine verheiratete Frau bin.« Mare sagt das mit deutlichem Stolz in der Stimme. Ihre Freundin, die das Museum im Hauptort leitet, hat zwei Kinder, ist aber nicht verheiratet. Also keine Schürze.

Die Kleidung der Frauen von Kihnu zeigt so manches an. Ob jemand zum Tanzen geht oder in Trauer ist. Tochter Anni hat für den deutschen Kinderkanal Kika und dessen Autorin Julia Finkernagel die Kleidertruhe der Familie geöffnet. Anni ist erst zehn Jahre und schon ein kleiner Star, selbstbewusst, blond wie die Mama und mit vielen feinen Sommersprossen. In der Dokumentation »Annis Insel« erzählt Anni von ihren Röcken.

»Du trägst rot, wenn du glücklich bist, und dunkel, wenn du Sorgen hast. Alle Familien haben eine Holztruhe, in der die Röcke aufgehoben sind. Auch ich werde eines Tages eine von meinen Eltern bekommen.« Die Truhe steht in einem der zahlreichen Nebengebäude des Mätas-Hofes und ist bis zur Oberkante voll mit Röcken, genauer gesagt mit vier Rock-Typen in unterschiedlichen Größen vom Teenie bis zur Großmutter. Es gibt die Gute-Tage-Variante und eine für die durchwachsenen Tage, dann den Sorgen-Rock (blau mit kleinen roten Streifen) und den Trauer-Rock in Schwarz und Blau und Lila und ohne jedes Rot.

Nach zwei Tagen als Logiergast bei Familie Mätas merkt man, dass eine Insel anders tickt, wenn die Frauen das Sagen haben. Fischfang, Wetter und Fußball sind auch hier wichtig, Familie und Brauchtum aber zentral, und Stricken schlägt alles. Rein zeitlich jedenfalls, denn wenn Mare nicht gerade die Teppiche ausklopft, Omeletts brät oder die Zimmer für Gäste herrichtet, dann strickt sie. Lesen ist kein Hindernis. Dann klemmt sie die Seiten mit Wäscheklammern fest. Es gibt nur einen Raum, in dem Stricken tabu ist. Irgendwann wurde es einem der früheren Insel-Pastoren zu viel mit dem Klappern in der Kirche, und er verhängte ein Strickverbot. Das gilt bis heute: »… und am Samstagabend nach der Sauna wird auch nicht gestrickt«, erklärt Mare resolut.

Auch die Kissen in der geräumigen Wohnküche der Familie Mätas sind gestrickt, und Mare demonstriert an vier Sofakissen die Farbenlehre der Insel für Feststage.

Bei Begräbnissen sind helle und leuchtende Farben tabu. Alle tragen dunkle Röcke. Aber zum Tanzen, wenn die Trauerzeit vorbei ist, darf man wiederum nur mit hellen Farben kommen.

Endstation für einen Kihnuer Wollrock ist es, als Kissen auf dem Sofa zu ruhen.

Zwei Welten

Nun tragen nicht alle Frauen immer Tracht. Sie fahren auch nicht den ganzen Tag Motorrad. Auch hier murren Gatten, wenn Ehefrauen sie als Haushandwerker auf Trab halten wollen.

Olavi ist ein Bär von einem Mann, und wenn er an Land ist, kümmert er sich von morgens bis abends um seine Familie. Er nimmt die Kinder mit zum Fischen, heizt den Jacuzzi für die Sauna am Samstagabend, baut Hütten und Häuser und immer neue Gästezimmer, flickt die Fahrräder, repariert die Straßen und verdient das Geld als Seemann auf einem Frachter. Auf Kihnu gibt es keine Arbeit für ihn. Fischfabrik und Kolchose gingen mit dem Ende der Sowjetunion pleite.

Sechs Monate im Jahr ist er weg, jeden zweiten Monat.

Olavis lange Abwesenheit schwächt seine Position. Das ist ein altes Lied in den Familien der Seeleute.

»Wenn die Männer dann von ihren Fahrten nach Hause kamen, war alles schon entschieden«, sagt Mare.

Für eine Ehe ist das nicht immer leicht: Mal ist der Mann den ganzen Tag zu Hause, mal gar nicht. Das hat auch Folgen für die politische Arbeit. Mare sitzt im Gemeinderat – Olavi nicht.

»Es gibt Arbeitsgruppen mit zwanzig Mitgliedern, da ist kein einziger Mann dabei.«

Männer haben im Übrigen keine besondere Tracht, wenn man von den handgestrickten Socken mal absieht. Bei den Tänzen tragen sie weißes Hemd zur dunklen Hose und im Alltag Sweater oder den klassischen gestrickten Fischerpulli, hell mit schwarzen Punkten.

Bei Festen wird gemeinsam getanzt und getrunken. »Aber es kann schon passieren, dass Frauen und Männer getrennt sitzen«, sagt Mare.

Das Besondere an Kihnu ist, dass hier die Frauen auf die Männer achtgeben, dass sie nicht zu kurz kommen. Die vermeintlich Stärkeren schauen mit einer Art von liebevoller Fürsorge auf die vermeintlich Schwächeren. Der Maternalismus kommt sehr umsichtig daher.

So hat die frühere Bürgermeisterin Annely Akkermann, geboren in Kihnu 1972 und mittlerweile Berufspolitikerin in Tallinn, neun Regeln für Besucher aufgestellt. Regel Nummer acht ermahnt die Touristen, ihre Hände von den Fischerbooten, Netzen und Bojen zu lassen.

»Boats and fishing gear are vital for the men of Kihnu, even more than cars for mainland men. Do not touch these!«

Frauen auf Kihnu sind im Allgemeinen höher gebildet und entscheiden gerne, erklärt Mare. Die Männer sind eher praktisch veranlagt, körperlich stark und ein bisschen unbehauen.

Sie seien Alphamänner vom alten Schlag, Männer aus einer anderen Zeit.

»Traditionell schadet es nicht, wenn ein Mann ein bisschen simpler ist, wenn er denn nur gut jagen und fischen kann.«

Wenn man solche Statements zum ersten Mal hört, muss man schlucken und denkt, wie es wohl klingen würde, wenn es statt »Mann« nun »Frau« und statt »jagen« vielleicht »kochen« heißen würde.

Wenn man unmittelbar erfahren möchte, wo sich die Sphären der Männer und der Frauen kreuzen, landet man auf Kihnu irgendwann in der Garage. Bei Familie Mätas ist sie fein säuberlich nach Geschlechtern getrennt. Links die moderne Ecke, rechts das Museum.

Die beiden älteren Zweiräder russischer Bauart mit Boxermotor aus den sechziger Jahren des vergangenen Jahrhunderts gehören Mare. Olavi dagegen fährt ein Vierradmobil und eine Enduro-Geländemaschine. Alle Vehikel, so wie sie da im Halbdunkel der Garage stehen, verlocken zu einer Spritztour über die Insel. Nun möchte Mare dem Besucher den Wunsch erfüllen, im offenen Seitenwagen des Oldtimers über die Insel zu reisen. Olavi findet das Spielerei, und ohnehin habe er genug mit Haus und Hof zu tun. Das geht hin und her und dauert eine Weile. Keiner von beiden will so schnell nachgeben – und es ist klar, dass eine starke Frau wie Mare auch einen starken Mann an ihrer Seite hat. Olavi macht keinen Hehl draus, dass er die Oldtimer hasst. Am Ende öffnet er brummend den Werkzeugkasten: »Dauernd gehen diese alten Mühlen kaputt. Auf freier Strecke muss man anhalten und die Zündkerzen wechseln. Und schon hat man ölige Hände.«

Frauen wie Mare hängen an den Oldtimern, überlassen deren Wartung jedoch gerne ihren Männern. Waren es nicht die Männer, die sie zuerst auf die Insel gebracht haben? In der Kihnu-Tradition tauchten die Motorräder nach dem Krieg auf. Wegbereiter war der Chef der Kolchose. Was der Chef hatte, wollten dann irgendwann alle, und mit wachsendem Wohlstand (auch den gab es in der Sowjetunion) standen bald in jeder Garage ein Motorrad für die Dame des Hauses und eines für den Herrn des Hauses.

»Gegen Ende der Sowjetzeit«, erinnert sich Mare träumerisch, »hatten alle Höfe Kühe. Landwirtschaft war Frauensache, also auch der Transport der Milch zur Molkerei: Was für ein Bild. Hundert Frauen im Sattel und im Seitenwagen die Milchkannen.«

Touristen sind auch nicht einfach

Insgeheim (als er die Garage verlassen hat, um Holz in der Sauna nachzulegen) gibt Mare ihrem Mann recht:

Auch sie blieb schon auf freier Strecke liegen und machte sich die Finger schmutzig. Kein Wunder – die Motoren sind 50 Jahre alt –, und einer der beiden Zylinder streikt immer mal wieder.

»Aber wenn so viele zahlende Besucher die alten Maschinen sehen wollen, muss man sie erhalten, schon um der Einkünfte willen«, denkt Mare laut. Vielleicht könnten ja die Einwohner einen Shuttleservice im Beiwagen zum Hafen anbieten? Aber was ist dann noch Tradition, und wo beginnt er, künstlich und kommerziell zu werden?

Das ist das Dilemma aller Orte mit Vergangenheit. Soll man die Zeit anhalten, weil das die Touristen lockt und die Kassen füllt? Wie sehr muss man sich verbiegen? So gerne Mare ihre Kultur präsentiert – schon die Menschen ihrer Nachbarhöfe möchten nicht ins Bild, wenn sie ihre Motorräder besteigen. Auch Olavi geht der Rummel auf die Nerven. Wer möchte sich schon ständig bestaunen lassen?

Mare Mätas hat ihren speziellen Sinn für Humor.

So hat sie einen glücklich lächelnden Kommissionspräsidenten Jean-Claude Juncker ans Scheunentor malen lassen, da, wo früher vielleicht einmal Lenin hing.

Inmitten von Wiesen und Weiden ist daneben ein historischer Kihnu-Hof mit EU-Mitteln hergerichtet. Mare zeigt Besuchern gern die alte Stuben, eisernen Öfen, Webstühle und den Festplatz, auf dem die Inselfrauen vor zahlenden Besuchern Zwei-Schritt-seitlich-und-einen-Schritt-zurück tanzen und dabei aus dem Stehgreif über das Leben und die Männer spotten. Dort hat sie 2007 die erste traditionelle Hochzeit wieder ausgerichtet, und halb Estland schaute sich im Fernsehen die Feierlichkeiten von den Tränen der Braut (und ihrer Mutter) bis zum Schritt über die Schwelle an. Seitdem ist Mare Mätas in Estland bekannt wie ein bunter Hund. Frauen wie Mare sind Genies darin, Gelder aus dem EU-Regionalfonds auf ihre Insel zu lotsen. Der Leuchtturm leuchtet wieder. Es gibt schnelles Internet und ein elektronisches Klassenzimmer wie überall in Estland. Es gibt sogar komfortable Unterkünfte auf der Insel, anders als Anfang des Jahrtausends mit der Erinnerung an steinharte Betten in der einzigen Inselpension, klammer Wäsche und dem Geruch nach Lysol, dem Universalreinigungsmittel aus alten Zeiten.

Gut schlafen kann man auf Kihnu, aber Luxus gibt es nicht, und gerade japanische Reisegruppen verlangen nach einer anderen Sorte Unterkunft, die Kihnu nicht zu bieten hat.

»So ernsthaft die Besucher auch die alten Trachten mustern«, räsoniert Mare, »und sich vom einfachen, aber gesunden Leben mitten im Meer anstecken lassen. Alle wollen unsere Kultur sehen, aber abends dann ab ins Hotel.«

Maternalismus

Und die Männer? Sie sind im Wandel, und das war wohl auch Zeit.

Vor zehn Jahren war ich schon mal auf Kihnu, zu Gast bei einem Paar, sie von der Insel, er ein Russe vom Festland. Helmi hatte den Grund und Boden, und Victor ging fischen. Eine glückliche Kombination, sagte Mare. »Kihnu-Frauen sorgen sich um ihre Männer und sind sehr fleißig. Sie sind sehr begehrt, weil sie so gebildet sind. Männer vom Festland wissen das zu schätzen.«

Unübersehbar war aber auch, dass einige der einheimischen Männer ein Alkoholproblem hatten. Nach der Heimkehr vom Fischen saßen sie mittags vor dem großen Lagerhaus am Hafen und ließen die Flaschen kreisen.

Kihnu war damals ziemlich rau. Statt mit der Fähre konnten Besucher auch mit einem Rettungsboot auf die Insel fahren. Das Boot hatte an Deck der Estonia gehangen und war nach dem größten Schiffsunglück in der modernen Geschichte der Ostsee mit 852 Toten leer angeschwemmt worden. Die Fischer von Kihnu hatten nicht lange gefackelt, den Motor getauscht und das Schiff wieder flott gemacht. Warum sollte man ein Schiff verschrotten, das noch seetüchtig ist?

Kihnu ist eine Insel der knappen Finanzen. Reich wird man hier nicht. Der Bürgermeister Ingvar Saare ist ein junger Mann von dreißig Jahren, der nun trotz seiner Jugend schon in die dritte Amtszeit geht. Auch er ist ein Genie darin, EU-Töpfe für seinen Hafen anzuzapfen, und wenn Jugendliche dort randalieren, dann installiert er eine Überwachungskamera und knöpft sich die Jungs vor.

Er ist ein Mann nach Mares Geschmack, sozusagen ein neuer Alphamann.

Phlegma kann er sich nicht leisten, bei einem Salär von nur 1000 Euro im Monat. Nebenher vermietet er Fahrräder.

Er hat den Biss und das Gemeinschaftsgefühl, das Mare bei anderen Männern auf Kihnu vermisst.

»Es tut gut zu sehen, dass ein Mann die männliche Autorität aus dem Schatten herausholt.«

Im Gemeinderat sitzt Mare mit zwei anderen Frauen, alle aus Kihnu, und fünf Männern, alle vom Festland. Die Kihnu-Männer haben sich nicht durchgesetzt. Eins von Mares Lieblingsthemen ist der fällige Emanzipationsprozess der Männer.

Mare nennt sich selbst einen »Kihnu-Man-Protector« und weiß genau, was der bedrohten Spezies fehlt: »Sie sollten endlich studieren und sich bilden, wie wir Frauen das seit Generationen tun.«

Kihnu ist zwar über Fähre, Flugzeug und Breitband mit der Welt verbunden, aber es bleibt doch eine kleine Insel mitten im Meer, im Winter abgeschnitten und eisig und fernab von allen. Wer wird hier leben und die Tradition weiterführen, mit wollenen Schürzen und weiblicher Stärke? Für Mare wäre es ein schwerer Verlust, wenn ihre Töchter alle weggingen und nicht zurückkämen. Ihre zweite Tochter Anni, zehn Jahre alt, sagte, sie möchte wie die Mama das ganze Leben auf Kihnu bleiben und einen Mann von der Insel heiraten. Aber wenn sie sich unter den insgesamt 36 Mitschülern umschaue, dann kämen ihr doch Zweifel, ob das schon alles sei.

PS:
Am Ende entscheidet Olavi, dass es Männersache ist, den Gast zur Fähre zu bringen. Er steigt auf die Ural Dnepr K750, die ungeliebte, tritt zweimal auf den Kickstarter, und der Motor, der fast ein halbes Jahrhundert auf dem Buckel hat, springt sofort an. Den Rucksack zwischen den Knien, mit einem dicken Polster im Rücken, geht es zum Anleger, und auf Olavis Gesicht zeichnet sich ein zufriedenes Grinsen ab, während wir Richtung Hafen knattern.

Fünftes Kapitel

Von Schnaps- und anderen Baronen in Käsmu

»Wenn du die Schmugglervillen sehen willst, dann komm nach Kolga-Aabla«, hatte Mikko Fritze gelockt. »Einige Kapitäne machen bestimmt den Mund auf. Es ist ja alles verjährt.« Die Orte an der Nordküste heißen Juminda, Käsmu, Hara und Kolga-Aabla und sind heute Sommerresidenzen der Künstler und wohlhabenden Leute von Tallinn. Im Winter halten nur ein paar Seebären die Stellung auf den drei Halbinseln, die wie Finger ins Meer ragen. Das Winterklima ist rau, und an zweihundert Tagen pro Jahr weht der Wind.

Auf dem schmalen Strandstreifen vor Mikkos Haus stehen zwei schwarz-bunte Kühe und beäugen die Westsee. Ab und zu senken sie die Köpfe und schlabbern Meerwasser. Ein ungewohnter Anblick, denn Salzwasser löscht keinen Durst, ganz im Gegenteil. Mikko kennt die irritierten Blicke seiner Besucher schon. »Sie werden davon nicht verrückt. Je weiter man nach Osten kommt, desto weniger Salz ist im Meer.«

Mikkos Mökki

Mikko hat hier sein Mökki. Mökki ist Finnisch und bedeutet Sommerhaus. Mikko ist ein Wanderer zwischen den Welten. Er spricht Finnisch, Estnisch, Deutsch und noch ein paar andere Sprachen, kennt Estland wie seine Westentasche, seit er die »Europäische Kulturhauptstadt Tallinn 2011« geleitet hat. Mikko ist ein drahtiger Mann mit grauen Schläfen, schlank und hochgewachsen, fährt ganzjährig Fahrrad und badet auch bei polarer Luft. Er passt also auch in der kalten Jahreszeit an diese Küste. Als Sohn deutscher Eltern ist er in Finnland geboren. Sein Mökki in Estland ist ein altes Fischerhaus mit Veranda und freiem Blick aufs Meer, so flach gebaut, dass Mikko immerzu den Kopf einzieht.

Wenn er sich sehr recken würde, könnte er bei klarem Wetter in der Ferne die finnische Hauptstadt sehen.

Von den drei Halbinseln hinüber nach Helsinki sind es nur 64 Kilometer. Das kann man im Sommer mit einem Motorboot und im Winter mit dem Schlitten übers Eis mühelos in ein paar Stunden schaffen. Diese geographische Lage ist von jeher ein großer Standortvorteil, und so ist es wohl kein Wunder, dass hier einige Bauten stehen, die für die Gegend ein bisschen groß geraten sind. Eines davon ist die Residenz von Theodor Liiman im Fischerdorf Kolga-Abla. Liiman ließ sich 1926 eine Villa mit zehn Zimmern bauen, ein Steinhaus auf einer kleinen Anhöhe mit einer gläsernen Aussichtskuppel. Liiman war kein Sternengucker, sondern

Reeder. Ihn beschäftigte im Wesentlichen eine Frage: Kommen meine Schnapsschiffe heil zurück?

Die Gegend ist ideal für diskrete Geschäfte. Spötter sagen, dass man in Estland entweder in einen Wald hineinfährt oder aus ihm herauskommt. Hier im Nationalpark Lahemaa im Norden von Estland trifft beides zu. Ein urzeitlicher Ort für Elche, Wildschweine und Geschäfte, die das Licht scheuen. Die dichten Wälder reichen bis an die Küste. Die Landstraße schlängelt sich von Bucht zu Bucht, immer in Sichtweite des Meeres. Es gibt genügend Plätze für den kleinen Grenzverkehr.

»Lahemaa« heißt nicht umsonst »Land der Buchten«.

Sogar die UFA rückte 1929 aus Berlin an, und für ein paar Wochen wurden die versteckten Plätze zum Schauplatz eines Stummfilms. Unter dem Titel »Kurs auf die Ehe« ging es einerseits um Liebe und Leid, vor allem aber um Katz und Maus zwischen Zöllnern und Schmugglern. Die Hauptrollen übernahmen deutsche Schauspieler: Fritz Greiner spielt den Schmugglerführer Kölgis, und der Kuss im Film ging als Premiere in die estnische Filmgeschichte ein. Aber für Einheimische fiel auch etwas ab. Sie schleppen Blechkanister mit XP 96, dem Kürzel für 96-prozentigen Schnaps, vom Lastwagen aufs Schiff, die Böschung rauf und runter. Die Schmuggler spielten sich selbst, ohne dass die Polizei einschritt. Natürlich gab es Kontrollen. Doch das offizielle Estland griff nicht wirklich durch. Der junge Staat hatte das Geld bitter nötig, und es fanden sich auf allen Ebenen schnell Staatsdiener, die gegen ein bisschen Schmiergeld nicht so genau hinschauten.

Es war eine Zeit, die einige Menschen an der Küste sehr schnell sehr reich machte – und das ist hundert Jahre später immer noch gut zu erkennen.

Mit Mikko auf Schmugglersuche

Es ist nicht ganz leicht, die Spur der alten Kapitäne aufzunehmen.

Schmuggler wie Theodor Liiman waren Küstenschweden, eine seefahrende Minderheit in Estland. Als die Rote Armee anrückte, suchten sie das Weite. Mit ihnen war auch die maritime Tradition Estlands unterbrochen. Zu Sowjetzeiten standen Zäune am Meeresufer. Die Nachfahren sind in alle Welt verstreut. Selbst wenn man sie aufstöbert, sind sie verschwiegen.

Aber einer redet, einer, der aus einer alten Familie kommt. Er heißt Aarne Vaik. Jugendbilder zeigen ihn mit Bart und langer Mähne, eine Art Wikingerkittel tragend, ein Hippie mit Seemannsblick. Jetzt ist er ein älterer Herr und hat sich in der alten Seemannsschule im Küstenort Käsmu einquartiert.

Käsmu war mal das Mekka der estnischen Seefahrt. Sechzig Kapitäne zählte das Städtchen um 1900, und von Käsmu aus befuhren sie die sieben Weltmeere. Es heißt, dass auch Theodor Liimann, der Reeder mit der Villa mit Ausguck, seine Steuerleute dort ausbilden ließ. Ohne gediegene nautische Ausbildung konnte man auch nicht vernünftig schmuggeln.

Einer der Kapitäne war Aarne Vaiks Großvater. Er selbst ist gelernter Biologe und Chef des Meeresmuseums von Käsmu, das vollgestopft ist mit allem, was sich in siebzig Jahren maritimer Leidenschaft so ansammelt: Ölschinken von Seeschlachten, alte Taucheranzüge, Leinen, Bojen, Bootsteile, Fangkörbe, Schnapsflaschen aller Farben und Größen, Flaggen, Seekarten vom Indischen Ozean, Fischernetze und Haifischflossen.

Käsmu ist heute noch als »Kapitänsdorf« bekannt und alternierend auch als »Dorf der Witwen«. Das Meer vor Käsmu ist tückisch, es ist flach und wimmelt von Granitbrocken, die beim Rückzug der Gletscher in der letzten Eiszeit liegen geblieben sind. Unten auf halbem Weg zum Strand gibt es einen Teepavillon mit weißen Baumwolldecken, einen tonnenschweren Findling am Strand mit angelehnter Leiter und die Namen aller Schiffe mit Heimathafen Käsmu. Nicht alle haben den Weg zurückgefunden.

Die Tischsitten der Neureichen

Wenn Aarne Vaik Lust hat, bittet er zu Tisch in einem verglasten Speisezimmer mit Blick auf die Bucht, wo vor hundert Jahren die Al Capones und Meyer-Lanskys von Estland saßen und das Mare balticum in ein Wodka-Meer verwandelten. Es war die Zeit der Prohibition in Finnland und Norwegen (und den USA) und der Beginn glänzender Geschäfte – niemals wurde so viel getrunken wie während der Jahre von 1918 bis 1933, als Gewerkschafter, Frauenverbände und Kirchenleute versuchten, ihre Länder trocken zu legen.

Das Geschäftsmodell war simpel und folgte dem Prinzip von Angebot und Nachfrage. Ein Liter Alkohol kostete ab Destille in Estland eine Krone. Estnische Schmuggler brachten es bei Nacht und Nebel zu schwimmenden Depotfahrzeugen, die außerhalb der nationalen Hoheitsgewässer ankerten, wo der Zoll nichts zu sagen hatte. Dort holen es dann finnische oder schwedische Fischer bei Nacht und Nebel ab. Bis es dann auf dem Schwarzmarkt in Helsinki oder Stockholm und in den Hinterzimmern der Restaurants landete, hatte sich der Preis verdreißigfacht. Die Prohibition machte Alkohol zu einem knappen Gut und steigerte die Preise – und die Hintermänner wussten kaum wohin mit dem all dem Geld.

Mikko und ich sitzen am ehemaligen Stammtisch der Kapitäne von Käsmu, und der Museumsdirektor serviert frischen Lachs mit Kartoffeln an Dill und dreht die Zeit um 100 Jahre zurück.

»Wenn die Schnapsbarone hier tafelten, dann verlangten sie immer diesen großen Tisch am Fenster. Als Erstes rissen sie das Tischtuch mit Tellern und Gläsern weg und riefen nach neuem Geschirr«, erzählt Aarne, während die Gäste verstohlen das Porzellan umdrehen, von dem die Barone damals aßen.

»Die Kellner wussten das schon und deckten entsprechend angestoßene Teller und Gläser mit einem Sprung«, sagt Aarne und lacht sein Seebärlachen.

Als die Sonne dann über der Westsee untergeht und sich in der Flaschensammlung des Meeresmuseums spiegelt, holt Aarne Vaik aus, und wie immer bei Seebären verschwimmen die Grenzen zwischen Dichtung und Wahrheit. Er entwirft ein Portrait des Schmugglers Albin Strömstad und dessen kurzem gefährlichen Leben. Strömstad war einer von denen, die Gläser und Porzellan vom Tisch zogen. Albin Strömstad stammt aus Mikkos Dorf Kolga-Abla, auf der mittleren der drei Halbinseln. Als er aus der Kurve flog und in seinem Auto starb, flatterten die Geldscheine aus dem Kofferraum über den Acker, der Wind wehte sie hin und her. Es dauerte zwei volle Tage, sie in der weiten Landschaft wieder einzusammeln. Strömstad wird nur 39 Jahre alt. Er kannte nur zwei Worte Deutsch. Das reicht im Seehandel: »zwei Mark«. Es genügte, um ihn mit der Zeit vor Platzprobleme zu stellen. Wohin mit den vielen Geldscheinen? Strömstad und seine Gang packten sie in Heringsfässer, die sie vorher getrocknet hatten.

Die Vorgänger der Schnapsbarone

Wenn man die Straße weiterfährt, die Strömstad aus der Kurve trieb, kommt man nach zwanzig Kilometern zu einem Schloss, dem Gut Palmse – und damit zu den Vorgängern der Schnapsbarone. Auch sie waren märchenhaft reich, aber sie exportierten legal und konnten sich über Jahrhunderte halten. Die Besitzer mussten sich nicht groß um Eigentumsverhältnisse kümmern. Ihnen gehörte einfach alles, von den Leibeigenen (bis 1816) bis hin zu den Teilen des Golfs von Finnland. Hier wohnte das deutsch-baltische Adelsgeschlecht der von Pahlen über Jahrhunderte, bis es 1920 enteignet wurde. Die von Pahlens dienten als Gouverneure und Generäle im Dienste der Zaren und gründeten die baltische Eisenbahn.

Die Anlage mit Teich und Orangerie, Stallungen und drei getrennten Wanderwegen für Baron, Gattin und Jungvolk hätte auch einem Herzog im Burgund gut angestanden.

Mikko weist auf ein Detail hin, das nicht so recht in die feudale Idylle passt: eine Destille mit einem dreiunddreißig Meter hohen gemauerten Schornstein.

Unter dem Schornstein in der alten Destille kann man wohnen. Wo es heute nach Blumen aus der Orangerie und Herbstfeuern riecht, strich damals der süßlich dumpfe Geruch von destilliertem Alkohol an den herrschaftlichen Fenstern vorbei. Aus der ehemaligen Schnapsbrennerei ist ein Landgasthof geworden, und da Esten in aller Regel kein Blatt vor den Mund nehmen, erfährt man von der Verwalterin schnell, wer das Wohlleben früher finanzierte. Tiia Laidla, eine selbstbewusste, ungemein freundliche Frau, deren »kleines estnisches Abendessen« meinen ganzen Vierer-Tisch im Speisesaal füllt, sagt kurz und bündig: »Die Gewinne aus der Alkoholherstellung waren die wichtigste Einnahmequelle für den Erhalt des Gutes. Das gilt auf jeden Fall für das ganze 19. Jahrhundert.«

Estland – das Kartoffelland: Vor 1917 – dem Ende der Zarenzeit – lag die Jahresproduktion der baltischen Schnapsdestillen bei 20 Millionen Litern. Hauptabnehmer war das Russland der Zaren. Es gab 300 Güter und 100 Destillen. Noch heute sieht man die Schornsteine quer durch ganz Estland wie Spargel in den Himmel ragen, während die Gutshöfe verfallen. Aber der Export nach Russland endete jäh mit der Russischen Revolution. Estland war nicht mehr Teil des Riesenreiches, sondern stand auf eigenen Beinen, und der neue starke Mann Lenin brach den Handel mit den Abtrünnigen ab.

Die Schnapsbrennerei hat eine reiche Bibliothek und darin auch Bücher zur Geschichte, die helfen zu verstehen, welche Rolle die Schnapsproduktion für das Land spielte, das heute Estland heißt. Frei von Mythen und Räuberpistolen haben sich zwei Esten, Vater und Sohn Pullat, mit den Gründerjahren des Staates Estland beschäftigt: Die Pullats sind ein besonderes Gespann. Der Vater ein Geschichtsprofessor, der Sohn ein ranghoher Kriminalbeamter. Die beiden sind der Übertreibung nicht verdächtig – ihr Aufsatz wurde sogar in einer internationalen Fachzeitschrift für Kriminologie veröffentlicht. Ihre Quintessenz – hier am Kamin in der alten Schnapsbrennerei vor ein paar Jahren vorgetragen: »Zu Hansezeiten beruhte der Reichtum der Stadt Tallinn auf dem Handel mit Salz. Die stattlichen Bürgerhäuser, entstanden um 1920 bis 1940, sind auf Alkohol gebaut.«

Ganze repräsentative Straßenzüge, so die Pullats, entstanden neu – und die Stadt wuchs über den mittelalterlichen Stadtkern hinaus. Tallinn und Helsinki, die Stadt auf der anderen Seite des Golfs, erleben beide eine Blütezeit nach 1918.

Die von Pahlens und die anderen baltischen Erzeuger waren damals nicht mehr mit von der Partie. 1920 wurden die Gutsbesitzer enteignet. Sie behielten ihre Häuser, verloren aber das Land, ganz wie in Lettland. 1926 endete auch die Schnapsproduktion in Palmse. Das Geschäftsmodell passte nicht mehr in die Zeit.

Die Verwalterin des heutigen Gutshotels, Tiia Laidla, wirkt nicht so, als ob sie den feudalen Zeiten viele Tränen nachweint.

»Ohne die billige Arbeitskraft der estnischen Landarbeiter waren diese Güter nicht zu halten. Das Land hat dem Adel gehört. Den Esten blieben von ihrem eigenen Land nur kleine Parzellen, die ihnen die Gutsbesitzer mehr oder weniger gönnerhaft überlassen hatten.«

Estland hat seinen Baronen einiges verziehen. Das Erbe der von Pahlen wurde schon zu Sowjetzeiten restauriert und vor dem sicheren Verfall gerettet. Vom alten Inventar war nur ein einziger Stuhl übrig geblieben. Tausende von Esten verbrachten ihre Sommerferien beim Wiederaufbau des Schlosses und der Pflege des Parks.

PS: Theodor Liiman und den anderen Seefahrern blieb 1945 nur die Flucht über das zugefrorene Meer. Geld hatte er genug. Er rettete sich nach Schweden, wo er schon vor dem Krieg Wohnungen gekauft hatte. Die eine Tochter lebt in Stockholm, die andere lebte lange in den USA und zog dann nach Genf. Estnische Freunde vermittelten den Kontakt zur Tochter in Genf, einer sehr rüstigen und fröhlichen Dame, aber beim dritten Gespräch – als die Fragen konkreter werden – bricht sie den Kontakt ab.

Sechstes Kapitel

Narva – Ein Stück Russland mitten in der EU

»Zwei, drei Autostunden östlich ist man zwar immer noch in Estland, in der EU, im Euroland, aber man fühlt sich hier wie in Russland. Die Leute reden Russisch, essen russische Gerichte, wohnen in Plattenbauten von sowjetischer Anmutung.« Alan Posener über eine Reise von Tallinn nach Narva

Narva ist die Hochburg der Russen, eine Plattenbaustadt auf dem Weg nach St. Petersburg direkt an der Grenze zu Russland. Narva ist nur 212 Kilometer entfernt von Tallinn, aber doch eine Reise um ein paar Jahrzehnte zurück. Es gibt Busse, die Zugverbindungen sind mager.

Narva ist keine Schönheit. Im Zweiten Weltkrieg fast völlig zerstört, verzichtete man auf den Wiederaufbau. Fünfstöckige Bauten aus der Chrustschow-Zeit prägen die Straßen. Hier wohnen fast nur russische Esten, und viele der Älteren träumen von der Zeit, in der sie hier den Ton angaben. Narva war Mittelpunkt der Schwerindustrie, es gab die größte Textilfabrik zwischen Ostsee und Ural, und im Landkreis wurde Öl-Schiefer abgebaut und unter enormer Umweltbelastung verfeuert. All das ist heute nicht mehr gefragt, und während sich die Skyline von Tallinn ständig verändert, stagnieren weite Teile der Peripherie. Anna-Olga sagt es drastisch: »Wir haben in Estland ein schweres Alkoholproblem. Es gibt kleinere Städte im Süden, wo nach 14 Uhr kein Mann mehr nüchtern ist.«

So weit ist es in Narva nicht, keine Frage, und das liegt auch an Menschen wie Anna-Olga.

Anna-Olga unterrichtet Estnisch. Woanders wäre das normal, hier ist es exotisch.

Anna-Olga hat eine russische Mutter, einen deutschen Stiefvater, einen Lehrauftrag am Narva-College (das sich genau dieser Aufgabe verschrieben hat) und eine Stelle bei Gericht. Sie ist Sekretärin und schreibt Protokolle. Dabei muss sie ansehen, wie ihre Landsleute vor Gericht den Kürzeren ziehen, weil sie nicht genug Estnisch können, auch wenn sie es jahrelang in der Schule hatten.

»Es wurde nach alten Methoden beigebracht: sehr auf Perfektion. Und wenn man ein bisschen daneben liegt, dann lachen Esten einen schnell aus.«

Alter Groll liegt in der Luft. Bitterkeit und Nostalgie. So ist das, wenn man von der Mehrheit in einem Riesenreich auf einmal zur Minderheit in einem kleinen Land wird.

Wir sitzen im Rondel, dem Restaurant im Turm in der alten Festung auf dem Steilufer, von wo aus man Blick auf Iwangorod auf der anderen Flussseite hat. Russland ist nah – etwa 600 Meter entfernt. Auf der Speisekarte stehen Elch mit Pilzen und frischer Fisch aus dem Peipussee. Die Preise sind auf Westniveau und für Menschen aus Narva eigentlich unbezahlbar. Ein Essen kostet einen Tageslohn. »470 Euro ist der Mindestlohn. Finden Sie mal einen besser bezahlten Job in Narva«, sagt Anna-Olga, die mit 600 Euro ihre zwei Kinder durchbringt und eine kleine Wohnung abstottert.

Anna-Olga betreibt neben ihrem Job auch ehrenamtlich ein Sprach-Café in einem Nachbarort von Narva. Es richtet sich an Russen mit Nachholbedarf.

»Die Jüngeren haben jahrelang Estnisch in der Schule, aber es bleibt ein Wissen, das sie nie anwenden. Hier wohnen ja kaum Esten.«

Trotzdem ist Estnisch Pflicht, auch in dieser russischen Exklave. Nicht privat oder hier im Restaurant, aber für den gesamten öffentlichen Dienst vom Richter über Lehrer bis zu den Feuerwehrleuten. Die Pflicht gilt für Verkäufer und sogar Taxifahrer – bei Verstößen gibt es empfindliche Geldstrafen bis hin zu 150 Euro. Anna-Olga hört sich das Estnisch ihrer Landsleute häufig im Gericht an – und ihr stehen die Haare zu Berge. »Die Verhandlungen sind auf Estnisch – jedenfalls alles, was keine Kapitalverbrechen sind – also Unterhaltszahlungen, Scheidung, aber auch Pleiten. Aber viele kommen da nicht mit. Und Dolmetscher gibt es nur bei Mord und Totschlag in allen Strafprozessen und in den Prozessen um Vormundschaft.« Sie schildert den Fall eines Mannes, der einen unvorteilhaften Leasing-Vertrag abgeschlossen hat und dem die Puste ausging. Das Auto musste er schnell abgeben. Zahlen muss er aber noch lange und versteht die Welt genauso so wenig wie vorher den Vertrag. Wenn Anna-Olga sich empört, dann richtig. Als ob sie das ausgleichen muss, was vielen in Narva, vor allem den Männern ab dem mittleren Alter, abgegangen ist: ein vitales Interesse für ihr eigenes Schicksal. Olga wirkt wie einem Roman entsprungen: die klassische Russin, die plötzlich in der Tür steht und ihre Meinung kundtut. Und das in Estland, wo Zurückhaltung eine nationale Tugend ist.Man versteht auf einmal, dass es Russen und Esten im Alltag nicht immer leicht miteinander haben.

Narvas schöne Seiten

So geputzt und schön Narva direkt am Hochufer des Grenzflusses aussieht – die »Promenade« ist das neue Prunkstück –, ein paar Straßen weiter zieht es. Die Straßen haben Schlaglöcher, die Straßenlampen schwingen im Wind, jede dritte Lampe auf dem Weg zur Festung flackert, jede zehnte ist schwarz. Es fühlt sich an wie in der Endphase des Resozismus. So nannte Hans-Magnus Enzensberger die Länder der sozialistischen Welt, die trotz aller Entwicklung immer noch tropfende Wasserhähne hatten, Heizungen ohne Thermostat und Treppenhäuser, wo von drei Liften meist nur zwei fuhren. Resozismus (kurz für realexistierenden Sozialismus) war nach Enzensbergers Meinung »die höchste Form der Unterentwicklung«. In Narva spürt man noch diesen Geist. Dazu gehört auch eine massive Unterbeschäftigung: städtische Arbeiter in orangen Westen, die emsig Blätter zusammenharken, bis ein Windstoß die Haufen wieder durcheinanderwirbelt, als ob die Arbeit ein knappes Gut wäre. Dabei wäre in Narva bestimmt Besseres zu tun, als die Garderobe im Erdgeschoss der Poliklinik doppelt zu besetzen, wo doch fast alle erst im Wartezimmer ablegen.

Durch Narva wehte mal ein Hauch von Manchester, im guten Sinne. Hier entstand ab 1860 eine der größten Tuchfabriken der Welt. Die Kreenholmi Manufaktur, gegründet 1857 vom Bremer Kaufmann Ludwig Knoop, überlebte das Ende des Zarenreichs und erlebte eine zweite Blüte als volkseigener Betrieb, ging dann durch die Hände verschiedener Investoren und machte 2010 endgültig dicht.

Woanders gäbe es vielleicht ein Museum mit Führungen, Andenken und Stoffmustern. Aber hier gibt es nur ein simples Schild, mehr nicht. Es weist zu den turmhohen Fabrikhallen aus rotem Backstein, die lang gestreckt wie Ozeandampfer einen ganzen Stadtteil einnehmen. Man könnte sie sicher gut für Ateliers und Lofts nützen – oder als Baudenkmäler für die Nachwelt retten.

Wenn man Leute wie Mart Laar fragt, warum Narva – die Stadt der 60 000 Russen, die drittgrößte Stadt in Estland – so hinter Tallinn herhinkt, warum sich denn gar kein Geld hierhin verirrt, dann sagt er knapp: »Das müssen Sie mal die Stadtverwaltung von Narva fragen.« Aber die Antwort zeigt vielleicht auch, dass radikale Marktwirtschaftler wie Mart Laar irgendwann mit ihrem Latein am Ende sind und dass der Markt nicht alles regelt.

Wenn man Narva in Abständen besucht, erkennt man aber auch Veränderungen. Neueren Datums sind die Shoppingmalls im Zentrum, die auch nicht anders aussehen als in Utrecht oder Bochum.

»Wir bekommen viel Besuch aus St. Petersburg – ganze Buslandungen voll. Sie kaufen und kaufen«, sagt Anna-Olga.

Wenn die Russen aus dem Mutterland sich so auf das Warenangebot stürzen, erübrigt sich die Frage, wo man besser lebt.

Das Stiefmutter-Syndrom

Früher verirrten sich wenige Esten nach Narva, auch wenn es mittlerweile nicht mehr als Strafe, sondern als besondere Herausforderung gilt, als eine Art Abenteuerurlaub, sich hierher versetzen zu lassen.

Eine, die mit Leib und Seele hierhergezogen ist, ist Kristina Kallas. Sie ist die Direktorin des Narva Colleges, einer Außenstelle der Universität Tartu. Das College, im Neubau der Börse neben dem historischen Rathaus eingerichtet, ist ein Signal, dass Estland Narva und seine Russen nicht ganz vergessen hat. Viel Holz, eine kühne überhängende Dachkonstruktion, ein Auditorium mit mannsgroßen Sitzkissen, wo Studenten lesen und auch mal ein Nickerchen machen können, Licht und Luft überall und 100 000 Bücher unter dem Dach.

Kristina stellt sich landesüblich gleich mit dem Vornamen vor. Von ihrem Schreibtisch aus blickt sie auf das Bild der Staatspräsidentin, einer Powerfrau mit vier Kindern und Ehemann und einer beeindruckenden Vita zwischen Tallinn und Brüssel, die zwischen den Fahnen Estlands und Europas lächelt. Den Doktor hat Kristina Kallas auf der Central European University in Budapest gemacht, als George Soros, der Milliardär und Förderer des Ostens, dort noch gelitten war. Der Vater Este, die Mutter Russin, weißblond, drei kleine Kinder und fünf Bälle in der Luft. Kallas war OECD-Beobachterin für die Ukraine und hat die Kampagne für den EU-Beitritt 2004 mit organisiert. Wie Russen in Estland zumute ist, weiß sie von zu Hause.

»Meine Mutter musste nach der Unabhängigkeit erst mal als Putzfrau arbeiten. Der alte Job und der Status waren weg. Da sie aber das Sowjetsystem leid war, hat sie sich darüber nie beklagt.« Was Kallas stört, ist Gängelei und Sprachpurismus. Wo Vorschriften erkennbar keinen Sinn machen, sollte man sie streichen, ganz pragmatisch:

»Wenigstens die Taxifahrer könnten sie in Ruhe lassen, wenn sie Russisch sprechen. Das ist doch deren Geschäft. Da soll sich der Staat raushalten.«

Allzu häufig kommen Taxifahrer in Narva nicht dazu Estnisch zu sprechen, aber sie müssen es parat haben. Das sorgt für ein gespaltenes Denken.

Es ist schon ein seltsames Gefühl, durch die Straßen von Narva zu gehen, einer Stadt mit fast nur Russen – und alle offiziellen Schilder sind auf Estnisch. Die Stadtverwaltung muss eigentlich alles schriftlich auf Estnisch erledigen. Wie man hört, müht sie sich. Gesprochen wird, wenn nicht gerade ein Aufpasser in der Tür steht, ohnehin Russisch.

Golden Age und Großzügigkeit

Estland hat gerade sein Golden Age, sein Goldenes Zeitalter. »So gut ist es noch nie gegangen«, sagt Kallas. So wie sie es sagt, klingt es nicht als Ausdruck von Nationalstolz, sondern als Aufforderung, jetzt mal an die zu denken, die nicht mitgekommen sind

»Wir sollten unseren russischen Bürgern helfen, eine Identität zu finden. Sie haben ein Waisenkind-Syndrom. Die Sowjetunion als Mutter ist Vergangenheit. Nun sind sie bei der Stiefmutter Estland gelandet – und fühlen sich nicht richtig geschätzt.«

Kristina Kallas weiß natürlich, dass die Kinder von Mutter Russland in der Sowjetzeit sich nicht wirklich ins Zeug legten, mehr als nur drei Worte Estnisch zu lernen. »1991 sprachen 85 Prozent der hierher verpflanzten Russen kein Estnisch. Heute ist es umgekehrt.«

Nun, da Estnisch etabliert ist, ermuntert Kristina Kallas die Regierung, nach 30 Jahren Sprecherziehung der russischen Minderheit umzuschalten – von Kontrolle und Misstrauen auf Wohlwollen und Hilfe. »Seien wir doch realistisch: Narva wird eine russischsprachige Stadt bleiben – bis in die übernächste Generation, bis zu den Enkeln.«

PS: Es gibt eine Generation junger Russen, für die Sprachen kein Problem mehr sind und die die Bitterkeit der Eltern hinter sich gelassen haben. Sie schämen sich nicht ihrer Herkunft und wechseln fließend von Russisch zu Estnisch zu Englisch. Zum Abschied kreuzen zwei Absolventen im Narva College auf, zwei junge Russen, die es in Narva geschafft haben. Nina Golikova hat wieder mal ihre Kontakte spielen lassen. Anton und Maria sind beide um die dreißig, betreiben zusammen eine Marketingagentur, die auf Branding spezialisiert ist. Die beiden Euro-Russen mit dem Hunger nach großer Welt haben sich den Pragmatismus ihrer Professorin abgeguckt. Was sie von Mutter Estland fordern, ist machbar. Fünf Züge nach Tallin pro Tag – statt nur zwei.

Danksagung

Ohne Albinas Pilipauskas, Sandra Leikarte und Nina Golikova hätte es dieses Buch nicht gegeben. Sie haben mir die Augen geöffnet, die nötigen Kontakte verschafft, übersetzt und das Manuskript durchgesehen.

Andreas Wuthenow hat sich mit mir in den Sattel geschwungen.

Ulla Lachauer hat uns den Weg gewiesen. Mindaugas und Enida Karklelis, Amit Belaite, Ginta Petra, Kaspars Brakis, Zaiga Gaile und Maris Gailis, Anton Pärn, Mare Mätas, Jan von Campenhausen, Mikko Fritze, Andreas Rodenbeck und Matthias Burghardt haben mir ihre Welt gezeigt. Jost von Maydell, Ulrich Ribbert, Arne Schneider, Hermann Bünz und Juliane von Krause haben ihr Wissen mit mir geteilt.

Meine Lektorin Susanne Krones hat mich auf Kurs gehalten und mir gleichzeitig die Freiheit gelassen.

Meine Frau Jutta Jacobi war die erste Leserin und unsere Tochter Carlotta die zweite Leserin. Ihnen allen sei Dank.

Hamburg/Spillersboda im Januar 2018
Tilmann Bünz

Literatur zum Weiterlesen

Bisping, Stefanie, Lesereise Estland, Das Modell und der Kapitän, Picus, Wien 2010.

Büscher, Wolfgang, Berlin-Moskau, Eine Reise zu Fuß, Rowohlt, Reinbek bei Hamburg 2016.

Hell, Cornelius, Der Eiserne Wolf im barocken Labyrinth, Erwachendes Vilnius, Picus, Wien 2009.

Kalniete, Sandra, Mit Ballschuhen im sibirischen Schnee, Die Geschichte meiner Familie, Herwig, München 2005.

Kotowski, Elke-Vera / Schoeps, Julius H., Vilne Wilna Wilno Vilnius, Eine jüdische Topografie zwischen Mythos und Moderne, Hentrich und Hentrich, Berlin 2017.

Kross, Jaan, Der Verrückte des Zaren, Hanser, München 1990.

Kross, Jaan, Wikmans Zöglinge, Osburg, Hamburg 2017.

Lachauer, Ulla, Paradiesstraße, Lebenserinnerungen der ostpreußischen Bäuerin Lena Grigoleit, Rowohlt, Reinbek bei Hamburg 2013.

Lachauer, Ulla, Ostpreußische Lebensläufe, Rowohlt, Reinbek bei Hamburg 2011.

Leikarte, Sandra, Riga – Reisenotizen, Riga, ich bin dein, Bezug über www.riga-reisenotizen.lv

von Lucius, Robert, Drei Baltische Wege, Litauen, Lettland,

Estland – zerrieben und auferstanden, Mitteldeutscher Verlag, Halle 2011.

Mann, Frido, Mein Nidden, Auf der Kurischen Nehrung, Mare-Verlag, Hamburg 2014.

Moll, Michael, Baltikum per Rad, Litauen-Lettland-Estland, Kettler, Neuenhagen 2015.

Taska, Ilmar, Pobeda 1946, Kommode, Zürich 2017.

Vitols Dixon, Nadine, A Life's Journey: Vaira Vike-Freiberga, President of Latvia, Publishing House Petergailis, Riga 2006.

Wikland, Ilon / Lagercrantz, Rose, Die lange, lange Reise, Oetinger, Hamburg 1999.